Kursbuch mit Audios und Videos online

Deutsch echt einfach

für Jugendliche

von
Giorgio Motta

bearbeitet von
E. Danuta Machowiak
Ulrike Trebesius-Bensch (Phonetik)
Jan Szurmant (Landeskunde, Zwischenstopps)
Beata Ćwikowska (Videostationen)

Ernst Klett Sprachen
Stuttgart

Verwendete Symbole

AB-Übungen 1–8	Hinweis auf passende Übungen im Übungsbuch
> HÖREN 12	Titelnummer der Aufnahme Dateien verfügbar unter: www.klett-sprachen.de/deutsch-echt-einfach-online
> FILM 5	Hinweis auf den passenden Videofilm Dateien verfügbar unter: www.klett-sprachen.de/deutsch-echt-einfach-online
Projektecke	Projekte für Gruppenarbeit

Zu diesem Buch gibt es Audios und Videos, die mit der Klett-Augmented-App geladen und abgespielt werden können.

Klett-Augmented-App kostenlos downloaden und öffnen | **Diese Seite** scannen | Audios und Videos laden, direkt nutzen oder speichern

Scannen Sie diese Seite für weitere Komponenten zu diesem Titel.

1. Auflage 1 4 3 2 | 2024 23 22

Alle Drucke dieser Auflage sind unverändert und können im Unterricht nebeneinander verwendet werden. Die letzte Zahl bezeichnet das Jahr des Druckes.

Giorgio Motta
bearbeitet von E. Danuta Machowiak, Ulrike Trebesius-Bensch (Phonetik), Jan Szurmant (Landeskunde, Zwischenstopps), Beata Ćwikowska (Videostationen)

Deutsch echt einfach
Internationale Ausgabe:

Internetadresse: www.klett-sprachen.de

Redaktion: Beata Ćwikowska, Daria Miedziejko
Lektorat: Michael Krumm (MK Lektorat), Hamburg
Beratung: Virginia Gil, Seniz Sutcu
Layoutkonzeption: grundmanngestaltung, Karlsruhe
Gestaltung und Satz: grundmanngestaltung, Karlsruhe
Umschlaggestaltung: Annette Siegel
Illustrationen: Monika Fucini, Turin
Reproduktion: Meyle + Müller GmbH + Co. KG, Pforzheim
Druck und Bindung: Elanders GmbH, Waiblingen

ISBN 978-3-12-676526-8

Inhaltsverzeichnis

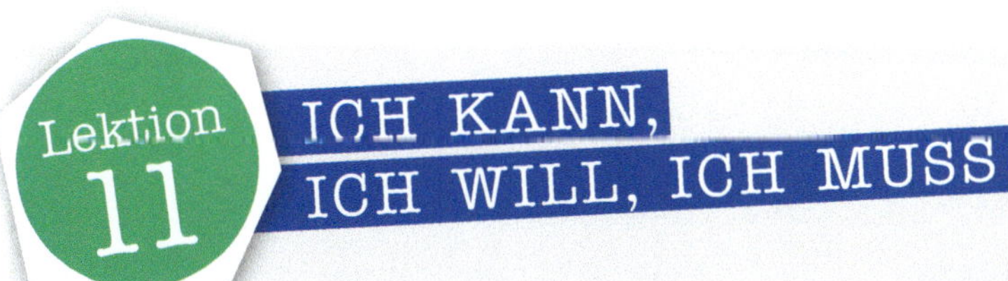

Juni 2016
20.
Montag

Juni 2016
19.
Sonntag

Lektion 13 LETZTE WOCHE, VORGESTERN, GESTERN

Lektion 14 PROBLEMCHEN UND WEHWEHCHEN

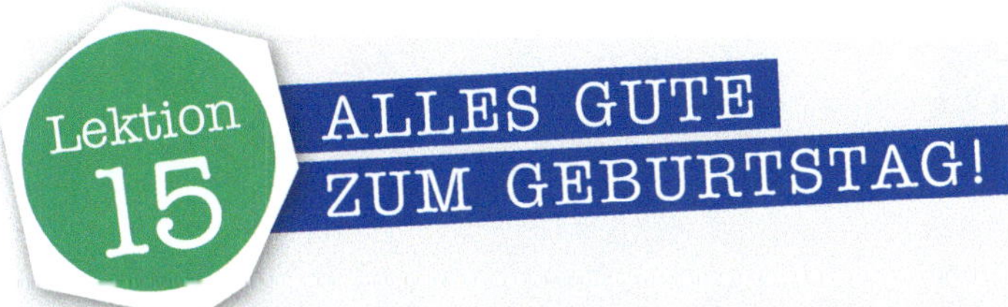

Lektion 16

CHAOS, UNORDNUNG UND DIE FOLGEN …

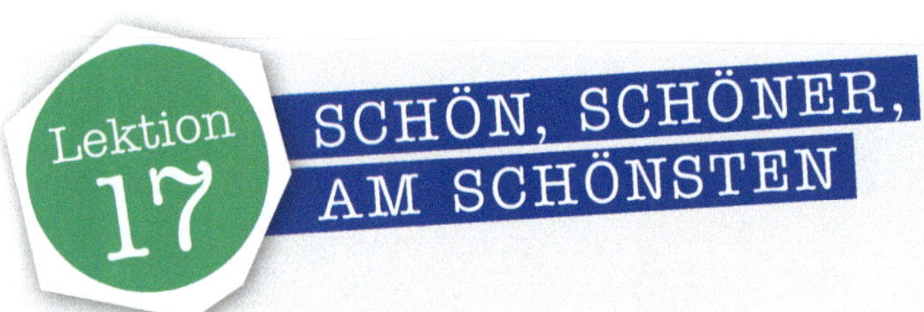
Lektion
17
SCHÖN, SCHÖNER,
AM SCHÖNSTEN

Lektion
18
LUST AUF
URLAUB?

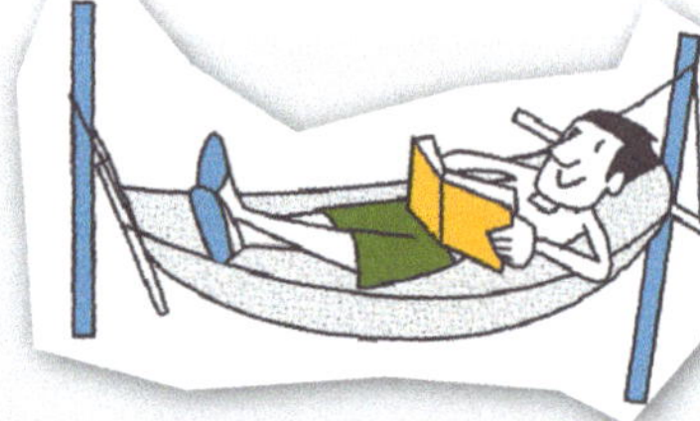

DEUTSCH IM UNTERRICHT

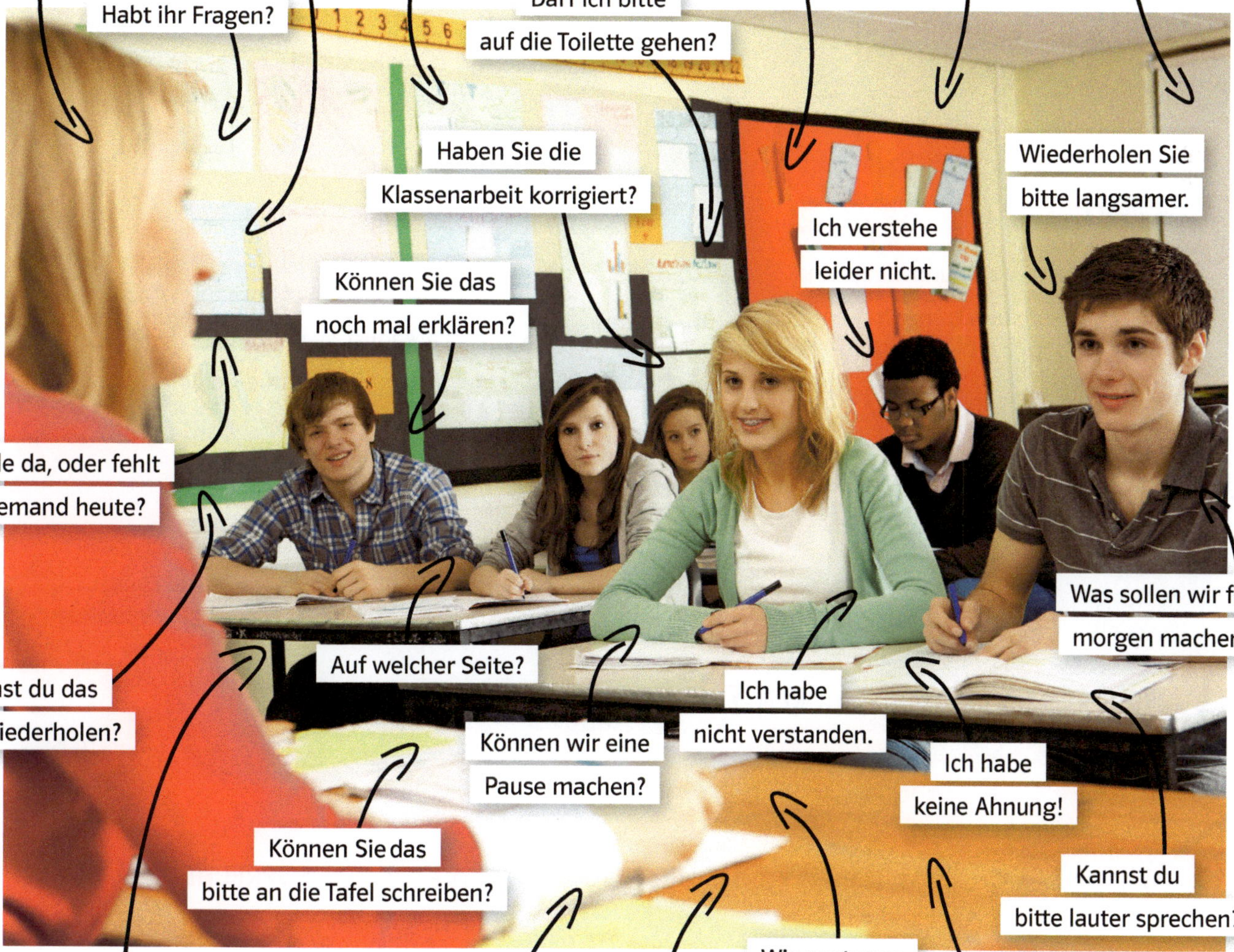

Guten Morgen! Komme ich zu spät?

Den Wievielten haben wir heute?

Kann ich das Fenster aufmachen?

Ich habe mein Deutschbuch zu Hause vergessen.

Alles klar?

Wie schreibt man das?

Habt ihr Fragen?

Darf ich bitte auf die Toilette gehen?

Haben Sie die Klassenarbeit korrigiert?

Wiederholen Sie bitte langsamer.

Ich verstehe leider nicht.

Können Sie das noch mal erklären?

Alle da, oder fehlt jemand heute?

Was sollen wir für morgen machen?

Auf welcher Seite?

Kannst du das bitte wiederholen?

Ich habe nicht verstanden.

Können wir eine Pause machen?

Ich habe keine Ahnung!

Können Sie das bitte an die Tafel schreiben?

Kannst du bitte lauter sprechen?

Wie sagt man das auf Deutsch?

Wie bitte?

Wann schreiben wir die nächste Klassenarbeit?

Ich habe die Hausaufgaben nicht gemacht, weil ich krank war.

Entschuldigung, aber … Was soll ich machen?

Lektion 11 ICH KANN, ICH WILL, ICH MUSS

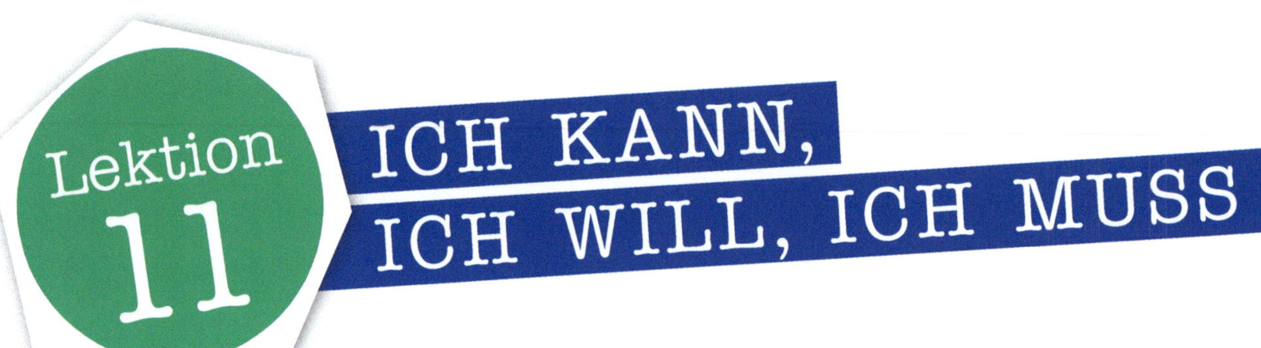

A Kannst du mir bitte helfen?

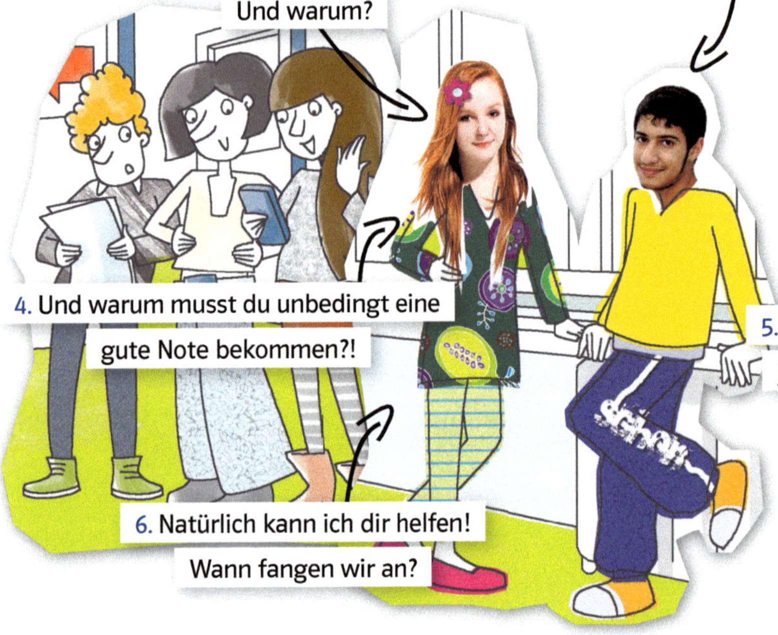

1. Julia, ich muss heute den ganzen Nachmittag Mathe lernen!
2. Den ganzen Nachmittag? Und warum?
3. Weil wir morgen eine Klassenarbeit schreiben. Und ich muss unbedingt eine gute Note bekommen.
4. Und warum musst du unbedingt eine gute Note bekommen?!
5. Blöde Frage! Weil ich sonst sitzen bleibe. Julia, kannst du mir bitte helfen? Du bist ein Mathe-Genie!
6. Natürlich kann ich dir helfen! Wann fangen wir an?

Grammatik

können	▶	ich kann
	▶	du kannst
	▶	er, sie, es kann
müssen	▶	ich muss
	▶	du musst
	▶	er, sie, es muss

1 Hör zu und lies mit. > HÖREN ▶ 1

2 Was weißt du über Mesut und Julia? Notiere und erzähle. > SPRECHEN

Mesut muss ...	Julia ...

3 Julias Terminkalender. Bildet Dialoge. > SPRECHEN

Montag	Dienstag	Mittwoch	Donnerstag	Freitag	Samstag	Sonntag
15.00–16.00 Uhr Spanischkurs	**15.00–18.00 Uhr** mit Hanna shoppen gehen	**bis 16.30 Uhr** in der Schule bleiben	**16.00–18.00 Uhr** lernen	**16.00–18.00 Uhr** Mutti helfen	**10.00–12.00 Uhr** mit Mutti einkaufen gehen	**10.00–18.00 Uhr** Tante Emma in Köln besuchen
19.00–21.00 Uhr für die Schule lernen	**20.00–22.00 Uhr** mit Mutti und Vati in die Pizzeria	**20.30 Uhr** das Referat schreiben	**19.00–20.00 Uhr** in die Musikschule gehen (Gitarrenunterricht)	**20.30 Uhr** zu Tobias gehen (Tobias hat Geburtstag!)	**20.00–22.00 Uhr** auf den kleinen Bruder aufpassen	

4 Hör zu und lies mit. > HÖREN ▶ 2

5 Bildet Dialoge wie in 4. > SPRECHEN

schwimmen ▶ die Schwimmhalle
reiten ▶ die Reitschule
Volleyball spielen ▶ die Turnhalle
Aerobic machen ▶ das Fitnessstudio

6 Wie heißen die Sportarten? Ordne zu. > WORTSCHATZ

a. ☐ klettern
b. ☐ schwimmen
c. ☐ reiten
d. ☐ inlineskaten
e. ☐ Tennis spielen
f. ☐ Fußball spielen
g. ☐ Ski fahren
h. ☐ Volleyball spielen

7 Zur Kontrolle. Hör zu und sprich nach. > HÖREN ▶ 3

8 Sportarten. Was kannst du (nicht)? Ergänze die Tabelle. > WORTSCHATZ

Ich kann …

sehr gut	nicht so gut	gar nicht

9 Ich frage, du antwortest … Bildet Dialoge. > SPRECHEN

- Kannst du schwimmen?
- Nein, gar nicht.
- Willst du es lernen?
- Ja, ich will es lernen.
- Dann musst du einen Kurs besuchen.

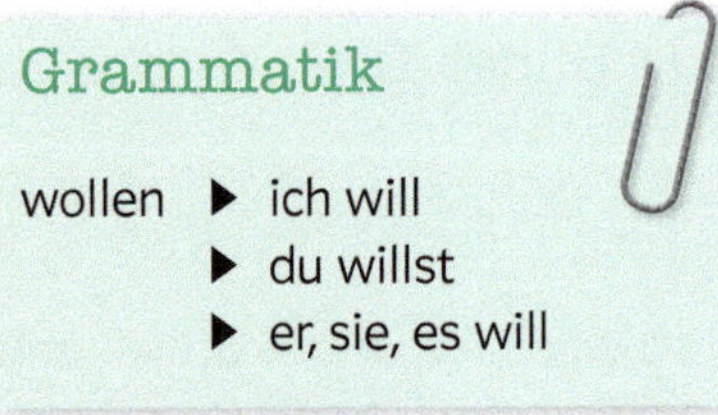

Grammatik

wollen ▶ ich will
▶ du willst
▶ er, sie, es will

10 Wo kann man Sportarten treiben? Ordne zu. > WORTSCHATZ

1. der Tennisclub „Davis"
2. das Fitnessstudio „Green Power"
3. die Schwimmhalle „Olympic"
4. das Stadion „Arena"
5. die Turnhalle „Top fit"
6. die Reitschule „Pony Express"

a. Volleyball spielen
b. reiten
c. Tennis spielen
d. schwimmen
e. Fußball spielen
f. Krafttraining machen

11 Ich frage, du antwortest … > SPRECHEN

- Was kann man im Tennisclub „Davis" machen?
- Im Tennisclub „Davis" kann man Tennis spielen.

- Wo kann man Tennis spielen?
- Im Tennisclub „Davis", klar!

- Ich will Tennis spielen.
- Dann musst du in den Tennisclub „Davis" gehen.

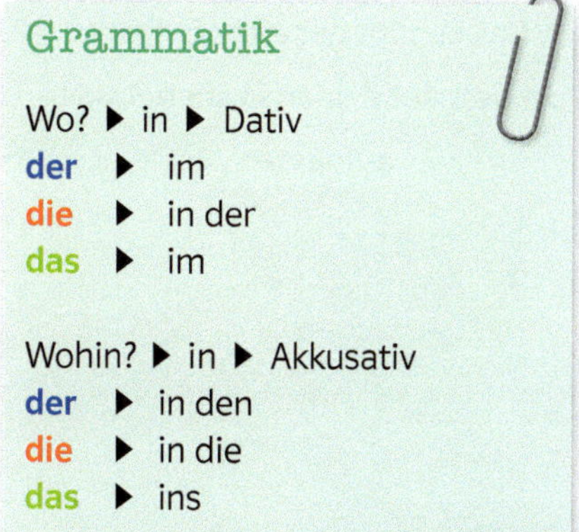

12 Hör zu und sprich nach. Dann bildet Dialoge. > HÖREN 4

Grammatik

weil ⟶ Verb

Weil ich Tennis spielen **will**.

AB-Übungen
1 – 16

B Darf ich weggehen?

13 Hör zu und lies mit. Dann bilde Sätze. > HÖREN ▶ 5

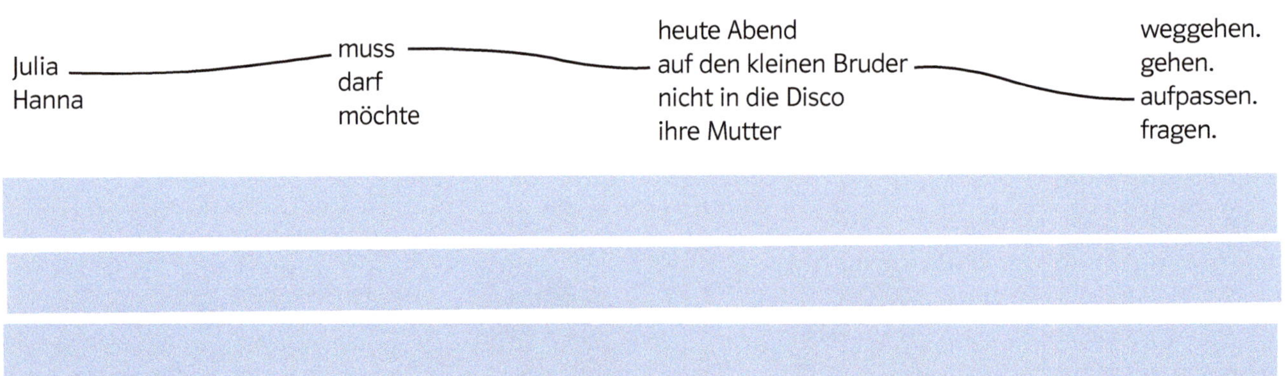

14 Ich frage, du antwortest … Bildet Dialoge. > SPRECHEN

- Max, darfst du jetzt weggehen?
- Nein, ich darf nicht. Ich muss mein Zimmer aufräumen.

heute Abend, ins Kino gehen	▶ nein, für die Klassenarbeit lernen
heute Nachmittag, Tennis spielen	▶ nein, die Oma im Krankenhaus besuchen
morgen, zu Hause bleiben	▶ nein, in die Schule gehen
am Wochenende, zu Martina gehen	▶ nein, zu Tante Erika gehen

Grammatik

dürfen ▶ ich darf
▶ du darfst
▶ er, sie, es darf

15 Ich frage, du antwortest ... Bildet Dialoge. > SPRECHEN

ins Kino gehen / früh aufstehen
fernsehen / für die Schule lernen
zu Hanna gehen / das Zimmer aufräumen
shoppen gehen / Oma besuchen
am Nachmittag faulenzen / im Haushalt helfen

16 Ergänze die Tabelle. > WORTSCHATZ

Zu Hause ...

muss ich	*darf ich*	*darf ich nicht*
helfen.	*samstags bis spät aufbleiben.*	

In der Schule ...

müssen wir	*dürfen wir*	*dürfen wir nicht*
		das Handy benutzen.

17 Minidialoge. > SPRECHEN

- Musst du zu Hause helfen?
- Natürlich muss ich zu Hause helfen.

- Dürft ihr das Handy in der Schule benutzen?
- Nein, wir dürfen nicht das Handy benutzen.

AB-Übungen
17 – 26

C Muss ich umsteigen?

Herr Asbrand muss morgen nach Basel fahren. Er will am Vormittag fahren, weil er um 16.30 Uhr ein wichtiges Treffen hat. Er kann schon um 9.08 Uhr mit dem Regionalzug fahren, aber dann muss er dreimal umsteigen. Und die Fahrt dauert dann zu lange: Er kommt erst um 18.22 Uhr in Basel an, und das ist zu spät für das Treffen.

Er kann auch mit dem ICE um 9.26 Uhr fahren, muss aber dann in Mannheim umsteigen. Auch nicht so praktisch …

Es gibt nur eine Möglichkeit, er kann direkt von Hildesheim nach Basel fahren. Herr Asbrand muss den ICE um 10.26 Uhr nehmen: Er muss nicht umsteigen und er ist um 15.46 Uhr in Basel. Genau rechtzeitig für das Treffen.

18 Lies den Text und bilde möglichst viele Sätze. > LESEN

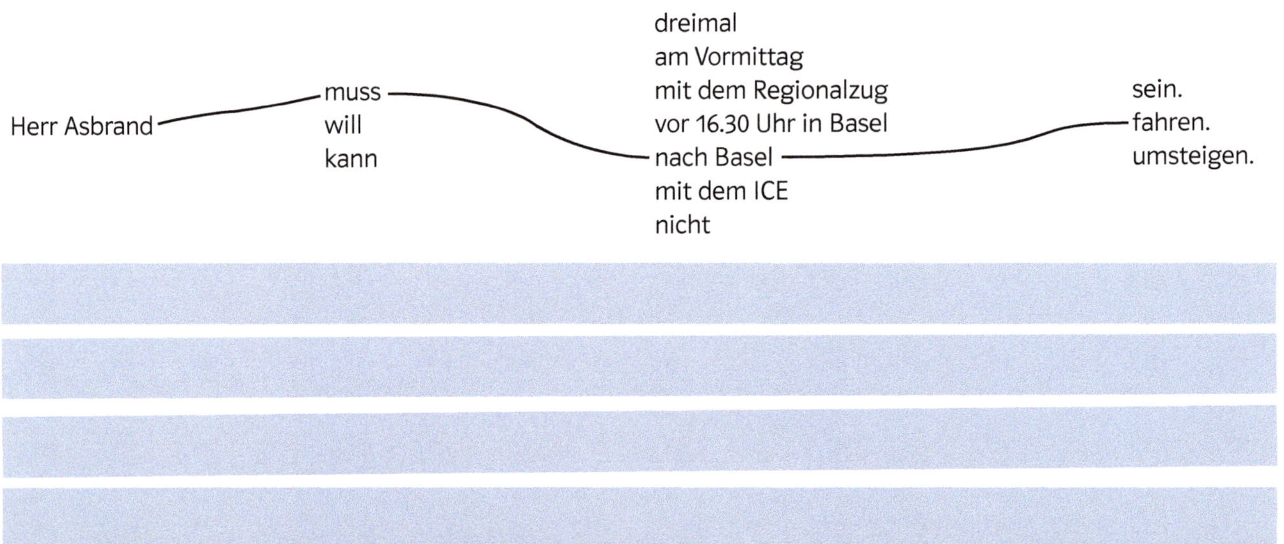

19 Zur Kontrolle. Hör zu und sprich nach. > HÖREN 6

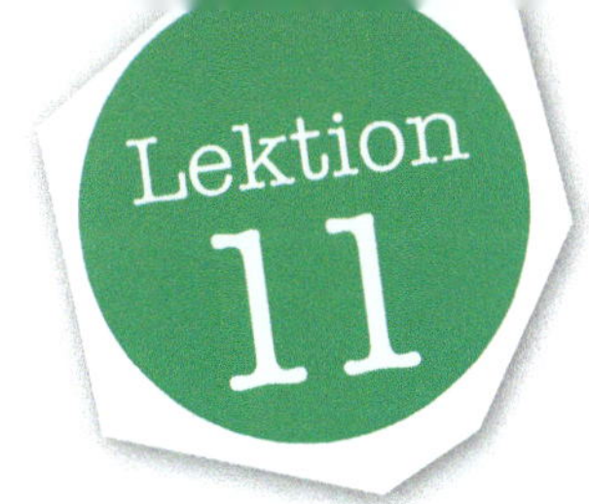

20 Rollenspiele. Spielt Dialoge. > SPRECHEN

1. Guten Tag. Ich muss morgen nach Freiburg fahren.
2. Wann wollen Sie fahren?
3. Ich will am Nachmittag fahren.
4. Dann können Sie den Zug um 15.39 Uhr nehmen.
5. Muss ich umsteigen?
6. Nein, sie müssen nicht umsteigen. Der Zug fährt direkt.
7. Um wie viel Uhr kommt der Zug in Freiburg an?
8. Um 17.41 Uhr.

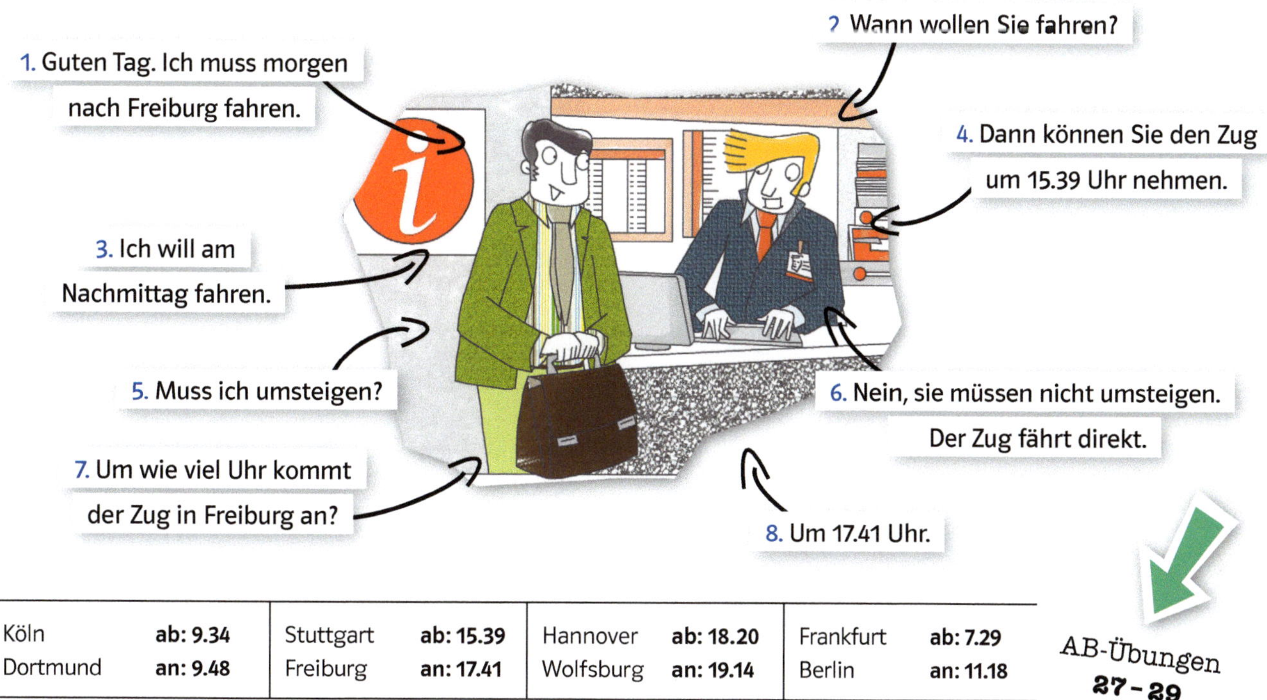

Köln	**ab: 9.34**	Stuttgart	**ab: 15.39**	Hannover	**ab: 18.20**	Frankfurt	**ab: 7.29**
Dortmund	**an: 9.48**	Freiburg	**an: 17.41**	Wolfsburg	**an: 19.14**	Berlin	**an: 11.18**

AB-Übungen **27–29**

Phonetik

1 Hör zu und ergänze die Pfeile: ↘ oder ↗. > HÖREN ▶ 7

1. Ich muss lernen. ↘
2. Kannst du mir helfen? ↗
3. Warum musst du den ganzen Nachmittag lernen?
4. Ich muss lernen, weil ich sonst sitzen bleibe.
5. Wo kann man denn hier reiten?
6. In der Reitschule kann man einen Kurs besuchen.
7. Ich gehe heute in die Disco.
8. Willst du mitkommen?

Wie verläuft die Melodie am Satzende?

2 Hör die Sätze noch einmal und sprich sie nach. > HÖREN ▶ 8

3 Fragt und antwortet. Achtet auf die Melodie.

Bewege die Hände passend zur Satzmelodie!

Kannst du schwimmen?

Ja, ich schwimme gern.

Das Modalverb *können*

	können
ich	**kann**
du	**kannst**
er, sie, es	**kann**
wir	können
ihr	könnt
sie, Sie	können

Deine Beispiele

- Kannst du ______ ?
- Ja, ich spreche sehr gut!
- ______ dein Bruder kochen?
- Nein, leider nicht!
- Antje und Mia, ______ ihr ______ ?
- Nicht besonders gut, aber wir wollen es lernen.
- Was kann man in Berlin machen?
- ______

Das Modalverb *müssen*

	müssen
ich	**muss**
du	**musst**
er, sie, es	**muss**
wir	müssen
ihr	müsst
sie, Sie	müssen

Ich habe viel zu tun!
Montags muss ich ______
Dienstags ______
Mittwochs ______
Donnerstags ______
Freitags ______

Das Modalverb *dürfen*

	dürfen
ich	**darf**
du	**darfst**
er, sie, es	**darf**
wir	dürfen
ihr	dürft
sie, Sie	dürfen

- ______ ?
- Ja, ich darf.
- ______ ?
- Nein, du darfst nicht.
- ______
- Schade!
- ______ ?
- Das kommt nicht in Frage.

Das Modalverb *wollen*

	wollen
ich	**will**
du	**willst**
er, sie, es	**will**
wir	wollen
ihr	wollt
sie, Sie	wollen

Deine Beispiele

Am Wochenende habe ich viele Pläne:

Ich will

Dann

Meine Freunde

Und du? Was

Modalverben im Satz

Ich **muss lernen.**

Ich **muss** heute Nachmittag **lernen.**

Ich **muss** heute Nachmittag Mathe **lernen.**

Ich will einkaufen.
Ich will am Freitag einkaufen.

Ich

Markus muss gehen.

Darf ich weggehen?

Sätze mit *weil*

- Julia, warum kommst du nicht mit?
- Weil ich keine Zeit **habe.**

- Jan, warum gehst du ins Stadion?
- Weil ich Fußball spielen **will.**

- Claudia, warum bist du so müde?
- Weil ich jeden Tag um 6.00 Uhr **aufstehe.**

- Ben, warum stehst du nicht auf?
- Weil
- Inge, warum gehst du in den Jugendclub?
-
-
- Weil ich kein Geld habe.
-
-

Wichtige Wörter

das Genie, -s
Du bist ein Mathe-Genie.

helfen
Ich helfe dir gern.

die Klassenarbeit, -en
Wir schreiben morgen eine Klassenarbeit.

die Note, -n
Ich bekomme immer gute Noten.

das Referat, -e
Ich muss ein Referat vorbereiten.

sitzen bleiben

inlineskaten
Katrin kann sehr gut inlineskaten.

klettern
Wo kann man hier klettern?

das Krafttraining, -s
Im Fitnessstudio mache ich Krafttraining.

reiten

die Reitschule, -n
Was kann man in der Reitschule machen?

schwimmen

die Schwimmhalle, -n

Ski fahren

das Stadion, die Stadien
Wir gehen morgen ins Stadion.

der Tennisclub, -s

die Turnhalle, -n
Du musst unbedingt in die Turnhalle gehen.

der Volleyball (Singular)
Wie oft spielst du Volleyball?

dürfen
Darf ich in die Disco gehen?

können
Ich kann nicht schwimmen.
Kannst du mir helfen?

müssen
Ich muss für die Schule lernen.

wollen
Ich will Ski fahren lernen.

an|rufen
Ich rufe Martina an.

auf|passen (auf + Akk.)
Du musst auf deinen Bruder aufpassen.

benutzen
Darf ich das Handy benutzen?

besuchen
Ich besuche einen Spanischkurs.
Ich besuche morgen meine Oma.

mit|kommen
Kommst du mit?

weg|gehen
Darf ich heute weggehen?
Mit wem gehst du weg?

dauern
Wie lange dauert die Fahrt?

der ICE, -s

der Regionalzug, ¨-e

um|steigen
Sie müssen in Frankfurt umsteigen.
Wo steigst du um?

der Zug, ¨-e
Ich nehme den 10-Uhr-Zug.

ganz
den ganzen Tag

genau

rechtzeitig

sonst

unbedingt
Du musst unbedingt kommen.

wahr
Du kannst Tennis spielen, nicht wahr?

weil

wichtig

Das kommt nicht in Frage.

Schade!

Das ist zu spät!

Landeskunde

1 Welche Veranstaltung passt zu welcher Situation? Lies und ordne zu.

Kiel

Die **Kieler Woche** ist eine Segelregatta, die seit Ende des 19. Jahrhunderts jedes Jahr in Kiel stattfindet. Auf jeden Fall ist sie eines der größten Segelsportereignisse der Welt. Es gibt auch ein großes Volksfest für die Besucher.

Frankfurt

Rund um den Finanzplatz heißt ein Straßenradrennen in Frankfurt. Seit 1961 wird es veranstaltet. Die Radprofis müssen 200 km fahren, für Amateure gibt es Jedermannrennen. Die sind kürzer.

Berlin

Jedes Jahr im Mai möchten Fußballfans nach Berlin, zum **Pokalfinale**. Dabei singen sie: „Berlin, Berlin, wir fahren nach Berlin." Im Olympiastadion wollen dann beide Finalmannschaften den goldenen Pokal gewinnen.

1. Du bist ein Fußballfan.
2. Du möchtest Sport sehen und auf ein Fest gehen.
3. Du darfst ans Meer fahren und magst Wassersport.
4. Du willst die Hauptstadt und eine Sportveranstaltung sehen.
5. Du möchtest bekannte Radfahrer sehen.

Projektecke Unsere Veranstaltung

Arbeitet in Gruppen. Welche Veranstaltung möchtet ihr selbst organisieren? Sammelt Ideen, macht Infoplakate und präsentiert sie in der Klasse.

Name der Veranstaltung	Wo und wann findet sie statt?	Wer kann teilnehmen?	Eintrittspreis

ZWISCHENSTOPP 11

1 Lies die Aussagen und beantworte die Fragen. > LESEN

Was dürfen mir meine Eltern verbieten?

Leo: Fast alle meine Freunde haben oft Stress mit ihren Eltern. Bei mir ist das zum Glück anders. Natürlich darf ich nicht alles machen. Aber ich habe selten Streit mit meinen Eltern. Nur ein paar Regeln muss ich einhalten: Ich muss spätestens um 23.00 Uhr nach Hause kommen, meine Noten in der Schule dürfen nicht zu schlecht sein und ich muss andere Menschen mit Respekt behandeln. Ist das so schlimm? Ich finde, dass mein Vater und meine Mutter Recht haben. Meine Mutter hat manchmal Angst, dass etwas passiert. Das stört mich schon. Ich sage ihr dann: „Mama, du musst keine Angst um mich haben. Mir passiert nichts."

Emily: Ich habe ein Problem mit meiner Mutter: Ich muss zu Hause im Haushalt helfen. Ich muss mein Zimmer aufräumen, mein Bett machen, den Tisch decken, den Geschirrspüler ausräumen ... Und das ist in Ordnung. Das Problem ist, dass mein Bruder nichts tut. Er darf nichts tun. Und meine Mutter sagt nichts! Aber das ist noch nicht alles: Ich möchte mir so gern ein kleines Piercing an der Nase machen lassen. Meine Mutter ist dagegen. Darf sie mir das verbieten? Ich bin schon 16!

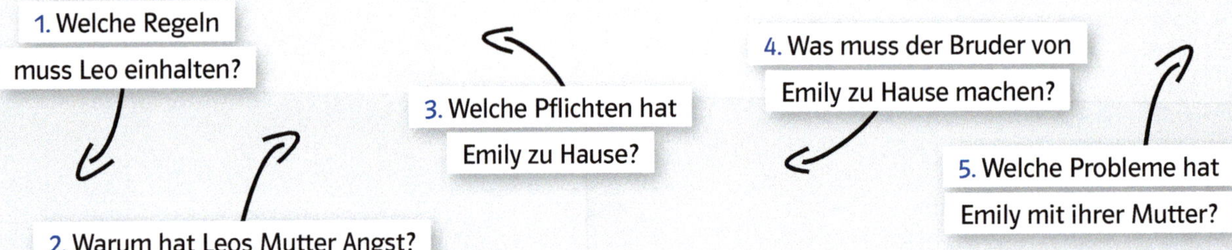

2 Lies die Aufgabe und schreib eine SMS. > SCHREIBEN

Du bist mit deinen Freunden zum Schwimmen verabredet und schreibst eine SMS an deinen Freund Bastian.

A. Entschuldige dich, dass du 30 Minuten zu spät kommst.
B. Erkläre warum.
C. Schreib, dass sie schon ohne dich ins Schwimmbad gehen sollen.

3 Hör zu und sammle Informationen. > HÖREN ▶ 9

	Herr Köhler	Frau Nimsch	Tina	Daniel
Wohin?				
Was?				
Wie oft?				

4 Schau dir die Statistik an und diskutiert in der Klasse. > SPRECHEN

Welche Sportarten treiben Jungs und Mädchen?
Gibt es Sportarten, die typisch „männlich" sind?
Gibt es Sportarten, die nur Mädchen mögen?

Jugendliche zwischen 14 und 18 Jahren und ihre Sportarten

Jungen		Mädchen	
Fußball	71 %	Schwimmen	38 %
Handball	39 %	Rad fahren	30 %
Rad fahren	29 %	Tanzen	24 %
Schwimmen	16 %	Tennis	21 %
Tennis	16 %	Volleyball	15 %
Ski fahren	12 %	Inlineskaten	10 %

71 % der Jungen sagen, Fußball ist ihr Lieblingssport.

Nur wenige Jungs fahren Ski. Warum?

Schwimmen ist bei den Mädchen auf Platz 1.

Fußball ist bei den Jungen sehr beliebt.

A Es geht los ...

Herr Schröder, der Deutschlehrer der Klasse 9A des Europa-Gymnasiums, hat eine Klassenfahrt nach Berlin organisiert. Die Schüler und Schülerinnen bleiben vier Tage dort und wohnen in einer Jugendherberge im Zentrum. Alle sind gespannt und freuen sich auf die Fahrt. Heute geht es los. Was sind ihre Erwartungen?

Hanna war noch nicht in Berlin, aber sie möchte nach dem Abitur dort studieren, und zwar Betriebswirtschaft. Ihre Zukunft als Managerin kann sie sich sehr gut in der deutschen Hauptstadt vorstellen.

Frau Richter, die Mathelehrerin, ist neu an der Schule und möchte ihre Schüler und Schülerinnen besser kennenlernen.

Herr Schröder, der Deutschlehrer, ist der Gruppenleiter. Er kennt die Stadt sehr gut, weil er zehn Jahre dort gewohnt hat. Er will seinen Schülern und Schülerinnen die Stadt zeigen. Er will mit ihnen ins Museum, aber auch ins Theater gehen.

Julia will mit ihren Freundinnen shoppen gehen. Sie hat sich schon informiert: Die Schönhauser Allee ist die ideale Adresse zum Shoppen. Sie möchte etwas für ihren Bruder kaufen und zwar ein T-Shirt mit dem Schriftzug: Ich liebe Berlin.

Fabian mag Geschichte. Ja, Geschichte ist sein Lieblingsfach. Deswegen freut er sich auf den Besuch im Deutschen Historischen Museum und im Mauermuseum. Sein Vater hat ihm viel über den Fall der Mauer erzählt.

Mesut war schon mehrmals in Berlin. Seine Großeltern wohnen nämlich dort. Vielleicht klappt es mit einem kurzen Wiedersehen. Er möchte mit seinen Klassenkameraden ins Olympiastadion gehen, denn am Wochenende spielt Herta Berlin gegen FC Bayern.

1 Wer ist gemeint? Lies die Texte und ordne zu. > LESEN

1. ___ Er / Sie möchte ein Souvenir für seinen / ihren Bruder kaufen.
2. ___ Er / Sie möchte mit seinen / ihren Freunden ins Olympiastadion gehen.
3. ___ Er / Sie möchte in Zukunft in Berlin leben.
4. ___ Er / Sie hat mit seinem / ihrem Vater über die Geschichte Berlins diskutiert.
5. ___ Er / Sie hat zehn Jahre in Berlin gewohnt.
6. ___ Er / Sie möchte seine / ihre SchülerInnen näher kennenlernen.

a. Julia
b. Hanna
c. Fabian
d. Mesut
e. Frau Richter
f. Herr Schröder

2 Warum freuen sich alle auf Berlin? Bildet Dialoge. > SPRECHEN

- Warum freut sich Mesut auf Berlin?
- Weil er seine Großeltern besuchen möchte.

3 Wie lauten die Possessivartikel? Ergänze die Tabelle. > WORTSCHATZ

Personalpronomen	ich	du	er	sie	es	wir	ihr	sie	Sie
Possessivartikel					*sein*	*unser*	*euer*		

4 Hör zu und sprich nach. > HÖREN ▶ 10

5 Kettenfragen. Wie findest du deine Klassenkameraden? > SPRECHEN

Wie findest du Marco? ▶ Ich finde ihn intelligent.
▶ Und wie findest du Maria? ▶ Ich finde sie …

nett	faul
lustig	launisch
sensibel	selbstsicher
humorvoll	spontan
sympathisch	kreativ
kontaktfreudig	hilfsbereit

6 Wen findest du sportlich? Bildet Dialoge. > SPRECHEN

- Wen findest du sportlich? Bianka?
- Ja, ich finde sie sportlich.
- Nein, ich finde sie nicht sportlich. Ich finde sie humorvoll.

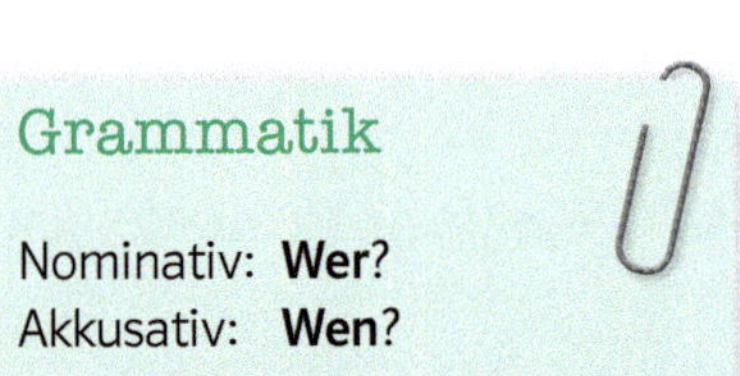
Grammatik

Nominativ: **Wer?**
Akkusativ: **Wen?**

B In der Jugendherberge

Die Klasse ist in Berlin angekommen. In der Jugendherberge kümmert sich Frau Richter um die Zimmereinteilung. Die Frage ist: Wer teilt das Zimmer mit wem?

7 Hör zu, lies mit und kreuze an. > HÖREN 11

	R	F
1. Hanna möchte mit Sophie wohnen.		
2. Mesut möchte gern mit Fabian wohnen.		
3. Herr Schröder wohnt allein.		

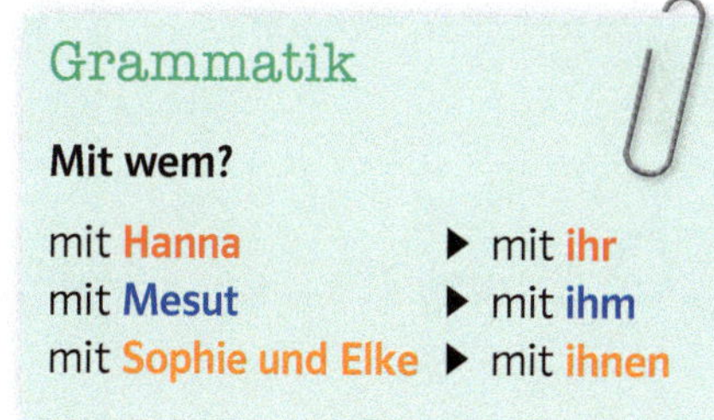

Grammatik

Mit wem?

mit **Hanna**	▶ mit **ihr**
mit **Mesut**	▶ mit **ihm**
mit **Sophie und Elke**	▶ mit **ihnen**

8 Ich frage, du antwortest … Bildet Dialoge. > SPRECHEN

- Mit wem möchtest du ins Olympiastadion gehen? Mit deinen Freunden?
- Ja, mit ihnen.

- Mit wem möchtest du in die Galerie gehen? Mit Herrn Schröder?
- Nein, nicht mit ihm. Lieber mit Frau Richter.

das Deutsche Historische Museum / der Geschichtslehrer
das KaDeWe (Kaufhaus des Westens) / Frau Richter
die Galeries Lafayette / die Freundin
das IMAX-Kino / die Schulkameraden
die Staatsoper / die Großeltern

9 Souvenirs aus Berlin. Wem gehört das? Diskutiert in der Klasse. > SPRECHEN

Wem gehören die Karten?

Ich glaube, die Karten gehören Fabian.

Fabian? Nein, sie gehören nicht ihm, sondern Mesut.

Karten für das Fußballspiel im Olympiastadion

T-Shirt mit dem Schriftzug: Ich liebe Berlin

Schneekugel mit dem Brandenburger Tor

Berlin-Reiseführer

Prospekt des Deutschen Historischen Museums

Studentenhandbuch der Humboldt-Universität

Grammatik

gehören + Dativ

Das gehört **Hanna**.	▶ Das gehört **ihr**.
Das gehört **Fabian**.	▶ Das gehört **ihm**.
Das gehört **Sophie und Erik**.	▶ Das gehört **ihnen**.

10 Bildet Dialoge. > SPRECHEN

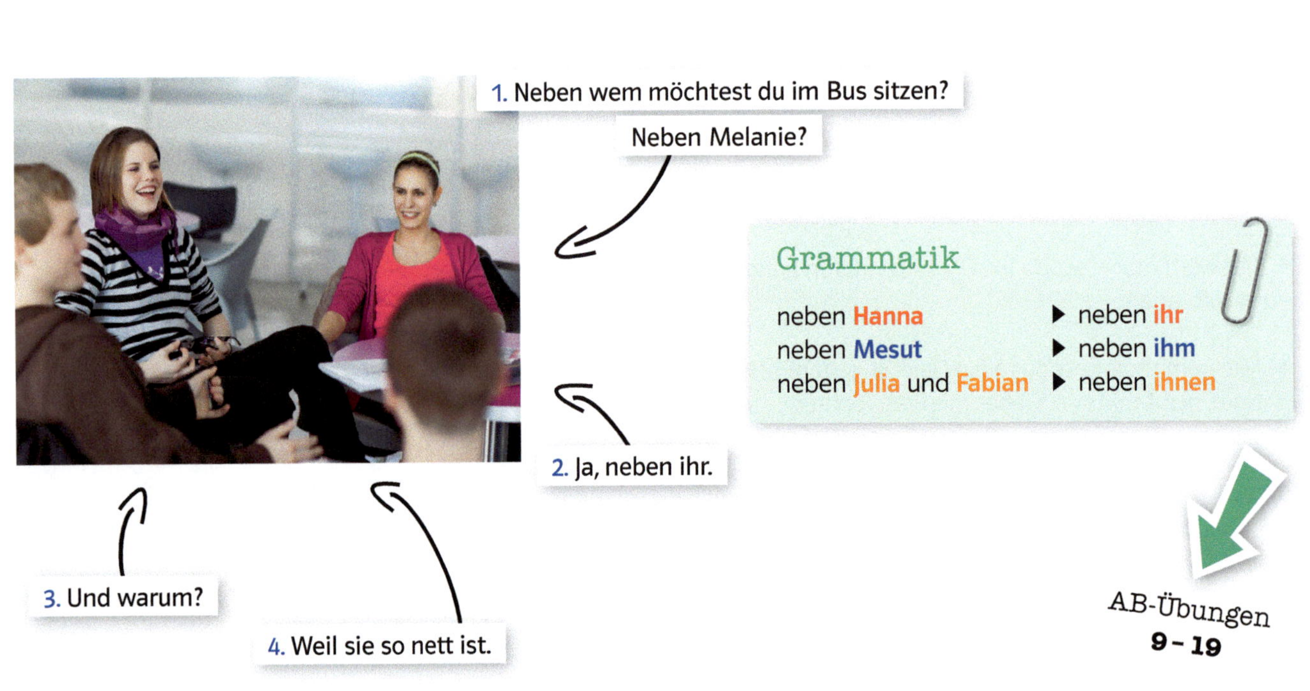

1. Neben wem möchtest du im Bus sitzen? Neben Melanie?
2. Ja, neben ihr.
3. Und warum?
4. Weil sie so nett ist.

Grammatik

neben **Hanna**	▶ neben **ihr**
neben **Mesut**	▶ neben **ihm**
neben **Julia** und **Fabian**	▶ neben **ihnen**

AB-Übungen 9–19

C Wohin, wenn …?

Diese Museen gibt es in Berlin

Das **Mauermuseum** am historischen Übergang Checkpoint Charlie, darum auch Haus am Checkpoint Charlie genannt, dokumentiert das Leben im geteilten Berlin. Am Eingang steht ein Stück der Mauer.

Das **DDR Museum** zeigt, wie der Alltag in der DDR war. Hier erlebt man die Geschichte zum Anfassen. Die Exponate befinden sich in den Schubladen, hinter den Schränken … Alles lebendig und interaktiv. Man kann sich z.B. in einen Trabant setzen und eine virtuelle Fahrt erleben.

Das **Pergamonmuseum** verdankt seinen Namen dem rekonstruierten Altar von Pergamon. Das ist ein großer griechischer Altar aus den Jahren 180–160 vor Christus.

In 14 Abteilungen hat das **Deutsche Technikmuseum** ein riesiges Angebot für interessierte Jugendliche. Junge Menschen können Technik spielerisch kennenlernen. Der erste Computer der Welt, Dieselmotoren und Dampfmaschinen … und vieles andere warten auf neugierige Besucher.

Das **Jüdische Museum** ist das größte jüdische Museum Europas. Fotos, Briefe, interaktive Medienstationen erzählen von der jüdischen Kultur in Deutschland.

The Story of Berlin ist das Erlebnismuseum der Hauptstadt. Die Besucher können hier einen Spaziergang durch 800 Jahre Berliner Geschichte machen. Ein Höhepunkt ist die Führung durch einen originalen Atomschutzbunker unter dem Ku'damm.

11 Lies die Texte und antworte. > LESEN

1. Wie sieht ein Atomschutzbunker aus?
2. Wie sitzt man hinter dem Steuer eines Trabis?
3. Wie hat die Berliner Mauer ausgesehen?
4. Wie funktioniert eine Dampfmaschine?
5. Wie groß ist der bekannte griechische Altar?
6. Wie haben Juden in Deutschland gelebt?

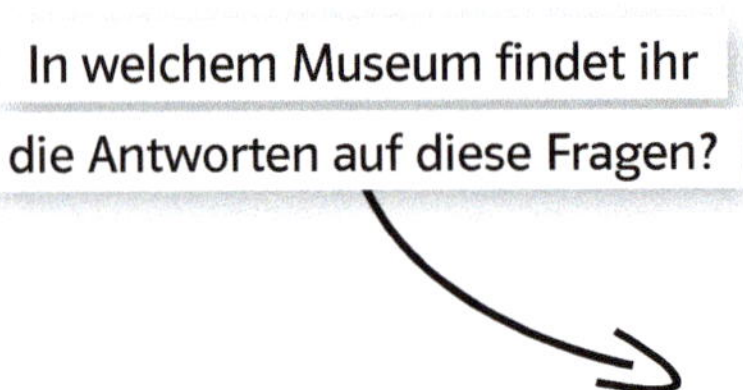

12 Lies die Texte und bilde Sätze. > LESEN

Shoppen in Berlin. Wo findet man was?

Der **Ku'damm** ist mit über 1000 Geschäften vor allem für Jugendliche ein wahres Shopping-Paradies. Hier findet man alle internationalen Marken.

Das **KaDeWe** ist das größte Kaufhaus auf dem europäischen Kontinent. Publikumsliebling ist die 6. Etage, die Feinschmeckeretage. Sie ist das Mekka der Gourmets.

Die **Schönhauser Allee** ist die größte Einkaufsstraße im Stadtteil Prenzlauer Berg. Es gibt Läden mit tollen Klamotten und 99-Cent-Artikeln, Secondhandshops, alternative Boutiquen und exotische Lokale.

Die **Galeries Lafayette** liegen in der Friedrichstraße. Hier findet man französische Mode, feine Artikel, Delikatessen … Auch die moderne Architektur des Kaufhauses lohnt einen Besuch!

Am Ku'damm Im KaDeWe In den Galeries Lafayette In der Schönhauser Allee	findet man	Secondhandshops. französische Mode. Modegeschäfte für junge Leute. feine Delikatessen.

13 Ich frage, du antwortest … Bildet Dialoge. > SPRECHEN

Grammatik

wenn ⟶ Verb
Wenn man den Trabi sehen **will**, geht man …
Wenn man einkaufen **will**, geht man …

AB-Übungen **20 – 23**

Phonetik

1 Bilde Substantive. Dann hör zu und kontrolliere. > HÖREN ▶ 12

1. die Klasse + die Fahrt ▶ *die Klassenfahrt*
2. die Jugend + die Herberge ▶
3. die Gruppe + der Leiter ▶ *der Gruppenleiter*
4. die Reise + der Führer ▶
5. die Mauer + das Museum ▶
6. Pergamon + das Museum ▶
7. der Einkauf + die Straße ▶ *die Einkaufsstraße*
8. der Schnee + die Kugel ▶

Auf welchem Teil liegt der Wortakzent?

2 Hör noch einmal zu und ergänze die Regel. > HÖREN ▶ 13

In zusammengesetzten Substantiven liegt der Wortakzent auf dem ______ Teil.

3 Sprich die Wörter nach und klopfe bei der Akzentsilbe laut auf den Tisch.

4 Bildet Sätze mit Substantiven aus 1.

Im Mauermuseum war es echt interessant.

Lektion 12

GRAMMATIK SCHNELL & KLAR

Das Fragepronomen *wer*

Nominativ	Dativ	Akkusativ
Wer?	Wem?	Wen?

Personalpronomen im Dativ

Singular

Wer?	ich	du	er	sie	es
Wem?	mir	dir	ihm	ihr	ihm

Plural

Wer?	wir	ihr	sie / Sie
Wem?	uns	euch	ihnen / Ihnen

Personalpronomen im Akkusativ

Singular

Wer?	ich	du	er	sie	es
Wen?	mich	dich	ihn	sie	es

Plural

Wer?	wir	ihr	sie / Sie
Wen?	uns	euch	sie / Sie

Sätze mit *wenn*

Wenn man nach Berlin **fährt**, muss man …

Was machst du, **wenn** du Freizeit **hast**?

Deine Beispiele

_____ geht es heute nicht gut?
_____ bringt morgen den Atlas?
_____ findest du intelligent?

- Hilft Hanna ihren Eltern heute?
- Ja, sie _____
- Sitzt Hanna neben Sophie?
- Nein, sie _____
- Teilt Mesut das Zimmer mit Fabian?
- Ja, er _____

- Wie findest du deutsche Musik?
- Ich finde sie _____
- Wie findest du deinen Wohnort?
- _____
- Wie findest du Berlin?
- _____

Wenn ich müde bin, _____
Wenn ich hungrig bin, _____
_____, gehe ich ins Schwimmbad.
_____, treffe ich mich mit meiner Clique.

Lektion 12

Possessivartikel im Nominativ

Singular: maskulin		Singular: neutral
ich	▶ mein Freund	mein Auto
du	▶ dein Freund	dein Auto
er, es	▶ sein Freund	sein Auto
sie	▶ ihr Freund	ihr Auto
wir	▶ unser Freund	unser Auto
ihr	▶ euer Freund	euer Auto
sie	▶ ihr Freund	ihr Auto
Sie	▶ Ihr Freund	Ihr Auto
Singular: feminin		**Plural**
ich	▶ meine Tante	meine Freunde
du	▶ deine Tante	deine Freunde
er, es	▶ seine Tante	seine Freunde
sie	▶ ihre Tante	ihre Freunde
wir	▶ unsere Tante	unsere Freunde
ihr	▶ eure Tante	eure Freunde
sie	▶ ihre Tante	ihre Freunde
Sie	▶ Ihre Tante	Ihre Freunde

Deine Beispiele

Olaf	▶		Schultasche
Maria	▶		Brille
wir	▶		Klassenfahrt
Jens	▶		Laptop
Mia	▶		Rucksack
Sandra	▶		Lunchbox
ich	▶		Fahrrad
Großeltern	▶		Haus
Klaus und Elke	▶		Geschwister
ihr	▶		Zimmer
du	▶		Tablet
Sie	▶		Handy

Dativ

Singular	
dem / einem / meinem Freund	▶ ihm
der / einer / meiner Freundin	▶ ihr
dem / einem / meinem Auto	▶ ihm
Plural	
den / meinen Freunden	▶ ihnen

- Wem gratulierst du zum Geburtstag?
-
- Wem gefällt deine Frisur?
-
- Neben wem sitzt du in der Klasse?
- Ich sitze neben

Akkusativ

Singular	
den / einen / meinen Freund	▶ ihn
die / eine / meine Freundin	▶ sie
das / ein / mein Auto	▶ es
Plural	
die / meine Freunde	▶ sie

- Wen triffst du jeden Tag in der Schule?
-
- Was hast du in dieser Woche gekauft?
-
- Was brauchst du heute in der Schule?
-

Wichtige Wörter

bleiben
Wir bleiben vier Tage in Berlin.

das Einzelzimmer, -

die Erwartung, -en
Was sind deine Erwartungen?

sich freuen (auf + Akk.)
Die Schüler freuen sich auf die Klassenfahrt.

gehören
Wem gehört der Reiseführer?

gespannt
Alle sind gespannt.

glauben

der Gruppenleiter, -

die Jugendherberge, -n
Wir wohnen in einer Jugendherberge.

kennen
Ich kenne Berlin sehr gut.

klappen
Hoffentlich klappt es mit dem Wiedersehen.

die Klassenfahrt, -en
Herr Schröder hat die Klassenfahrt organisiert.

sich kümmern (um + Akk.)
Sie kümmert sich um die Zimmereinteilung.

studieren

verbringen
Ich möchte ein paar Tage in Berlin verbringen.

sich vor|stellen

die Abteilung, -en

der Altar, ¨-e

das Angebot, -e
ein riesiges Angebot für Jugendliche

der Besucher, -

der Eingang, ¨-e
Am Eingang steht ein Stück der Mauer.

erleben

das Exponat, -e

die Führung, -en

der Höhepunkt, -e

die Mauer, -n

der Prospekt, -e

zeigen
Ich zeige dir die Stadt.

die Delikatesse, -n

die Einkaufsstraße, -n

der Feinschmecker, -

das Geschäft, -e

die Karte, -n

die Klamotten (Plural)

der Laden, ¨-

die Schneekugel, -n

der Schriftzug, ¨-e

finden
Wie findest du Julia?

hilfsbereit

humorvoll

kontaktfreudig

langweilig

launisch

neugierig

selbstsicher

sensibel

(un)sympathisch

deswegen
Deswegen fahre ich nach Berlin.

los
Es geht los.

mehrmals
Ich war mehrmals in Berlin.

wem
Mit wem teilst du das Zimmer?

wen
Wen findest du humorvoll?

Landeskunde

1 Lies die E-Mail von Hendrik und finde Informationen.

Hallo, Lina,
wie geht es dir denn so? Hast du schon Pläne für deinen Urlaub? Ich fahre mit meiner Familie nach Juist. Habe ich dir schon von Juist erzählt? Vielleicht nicht … Das ist eine Insel in der Nordsee. Sie ist 17 km lang, aber nur 500 m breit, und sie hat einen schönen weißen Strand. Auf der ganzen Insel gibt es keine Autos, nur Kutschen, Pferde und Fahrräder. Ich finde das super! Mit meiner Familie fahren wir da alle zwei Jahre hin. Am meisten freue ich mich auf den Strand, da spiele ich immer Volleyball und gehe zum Schwimmen ins Meer. Leider kann mein Bruder in diesem Jahr nicht mitkommen. Schade! Ich bringe ihm aber Sand mit und schenke ihm etwas von Juist. Meine Schwester freut sich auch schon. Sie will immer nur reiten und das geht auf der Insel super. Du weißt ja, wie sehr sie Pferde liebt. Und meine Eltern? Sie wollen sich nur erholen statt immer nur zu arbeiten. Sie liegen meistens nur am Strand und sonnen sich. Oder sie gehen spazieren, den ganzen Strand entlang. Abends kochen wir dann zusammen. An einem Tag kocht meine Schwester, am nächsten Tag bin ich dran und am Tag danach meine Eltern. Insgesamt klingt das jetzt sicher langweilig. Aber weißt du was? Geh einfach auf mein Instagram-Profil. Da sind noch meine alten Fotos von Juist. Ich bin mir ganz sicher: Wenn du meine Fotos siehst, wirst du dich auch in die Insel verlieben.
Schreib mir, was du denkst!

Bis bald
Hendrik

Was ist besonders an Juist?	Was kann man dort machen?

Projektecke Unsere Reise nach Deutschland, Österreich oder in die Schweiz

Arbeitet in Gruppen. Sucht im Internet nach Informationen über interessante Städte, beliebte Urlaubsgebiete in Deutschland, Österreich oder der Schweiz. Macht Infoplakate und präsentiert sie in der Klasse.

ZWISCHENSTOPP 12

1 Richtig (R) oder falsch (F)? Lies den Text und kreuze an. > LESEN

Wiens Jugendherbergen sehr beliebt

„Sorry, kein Bett mehr frei", sagt die junge Frau an der Rezeption. Enttäuscht nimmt Jean Paul seinen schweren Rucksack ab und setzt sich auf den Boden. Der junge Franzose aus Grenoble musste in Zürich umsteigen und sein Zug ist mit zwei Stunden Verspätung in Wien-Westbahnhof angekommen. In der Jugendherberge Brigittenau sind jetzt alle 334 Betten belegt. Aber Jean Paul hat keinen Schlafplatz, denn Reservierungen gelten nur bis 18.00 Uhr. Wer später ankommt, bekommt kein Bett mehr. Und das ist Jean Paul leider passiert! In den Sommermonaten sind Wiens Jugendherbergen völlig ausgebucht. Kein Wunder bei dem Preis und dem Komfort. Für 22,50 Euro pro Nacht (Frühstück inklusive) gehört Wien mit seinen Jugendherbergen zu den billigsten Städten Europas. Zwei- bis Vierbett-Zimmer sind die Norm. Alle Zimmer haben Waschbecken und WC. Duschen sind auf der Etage. „Super", sagt Bettina aus Dortmund und stellt sich bei der Essensausgabe an, „für 7 Euro bekommt man sogar ein gutes Abendessen. Ich war schon in vielen anderen Jugendherbergen, aber ich muss sagen, dass die in Brigittenau wirklich toll ist." Übrigens sind Jugendherbergen nicht nur für junge Leute oder sogenannte Rucksacktouristen. Auch Senioren und Familien mit Kindern sind unter den Gästen. Inzwischen hat man auch für Jean Paul eine Lösung gefunden: Man hat in einem Seminarraum ein Notbett aufgestellt. „Morgen bekommst du dann einen ordentlichen Schlafplatz", sagt die Frau an der Rezeption.

	R	F
1. Jean Paul kommt aus Zürich.		
2. Er ist in die Jugendherberge pünktlich angekommen.		
3. Jean Paul bekommt kein Bett, weil er nicht reserviert hat.		
4. Bettina ist mit der Jugendherberge Brigittenau sehr zufrieden.		
5. Jugendherbergen sind nur für junge Leute.		
6. Jean Paul übernachtet in der Jugendherberge Brigittenau.		

2 Was ist richtig: a, b oder c? Hör das Interview und kreuze an. > HÖREN 14

Gäste in der Jugendherberge

1. Die SchülerInnen befinden sich in einer Jugendherberge in …
- **a.** Frankfurt.
- **b.** Nürnberg.
- **c.** Freiburg.

2. Die SchülerInnen kommen aus …
- **a.** Frankfurt.
- **b.** Nürnberg.
- **c.** Freiburg.

3. Die Klassenreise hat / haben … organisiert.
- **a.** der Deutschlehrer
- **b.** der Geschichtslehrer
- **c.** die Schüler selbst

4. In der Jugendherberge sind alle Zimmer …
- **a.** Einzelzimmer.
- **b.** 6-Bett-Zimmer.
- **c.** mit Dusche und WC.

5. Die SchülerInnen haben … gebucht.
- **a.** nur Frühstück
- **b.** Halbpension
- **c.** Vollpension

6. Am Abend treffen sich die SchülerInnen …
- **a.** in einer Disco in der Stadt.
- **b.** in einem Seminarraum.
- **c.** in einem Lokal in der Jugendherberge.

3 Lies die Aufgabe und schreib eine E-Mail. > SCHREIBEN

Die erste Lange Nacht der Museen fand 1997 in Berlin statt. An einem Abend und in einer Nacht kann man seitdem einmal im Jahr bis zum frühen Morgen fast alle Museen besichtigen. In vielen Städten in Europa gibt es nun ähnliche Aktionen. Oft ist der Eintritt gratis. In Berlin muss man ca. 20 Euro bezahlen, kann dafür aber kostenlos mit Bus, Bahn und Metro fahren. Gibt es auch in deiner Stadt eine Museumsnacht?

Du bist am nächsten Wochenende in Berlin. Frau Scherer ist eine Bekannte deiner Mutter aus Berlin. Sie geht mit ihrer Familie auf die Lange Nacht der Museen und lädt dich auch ein.

A. Bedanke dich für die Einladung und sag, dass du mitkommst.
B. Informiere, wann und wo du in Berlin ankommst.
C. Frag nach dem Treffpunkt und der Uhrzeit für die Nacht der Museen.

Betreff

4 Fragt und antwortet. > SPRECHEN

Du bekommst vier Karten und stellst mit diesen Karten vier Fragen. Dein Partner / Deine Partnerin antwortet.

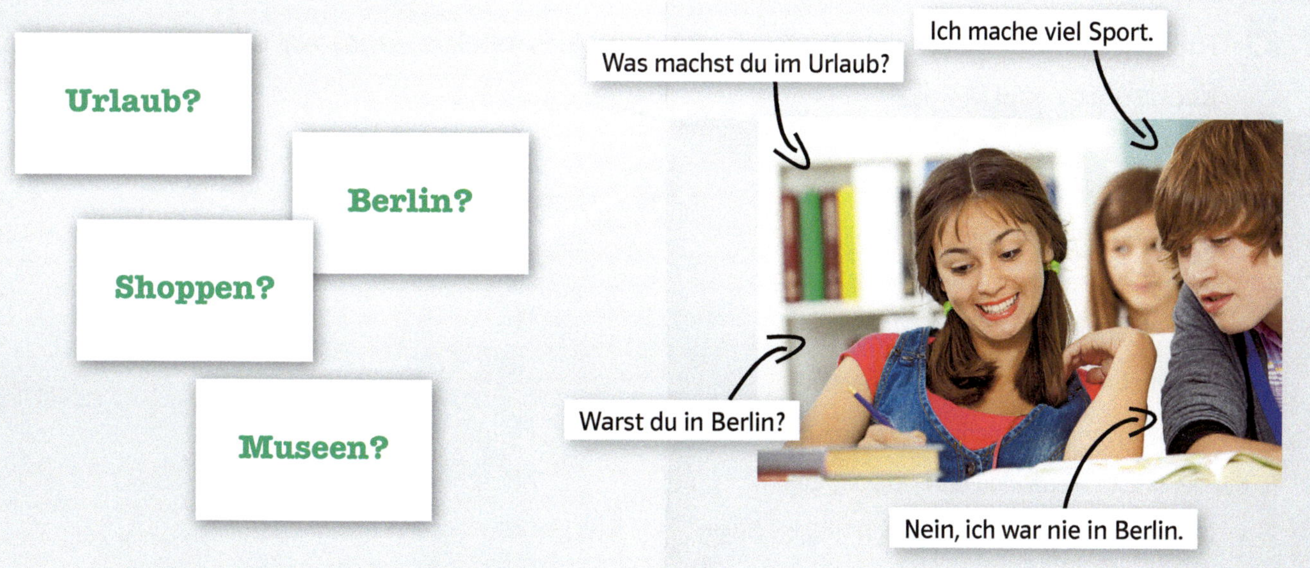

1 Welches Wort passt zu welchem Bild? Ordne zu.

das Fahrrad-Taxi • die S-Bahn • die U-Bahn • der Fahrscheinautomat • die Ampel • die Notruf-Säule • der Bus • die Straßenbahn • der Radweg

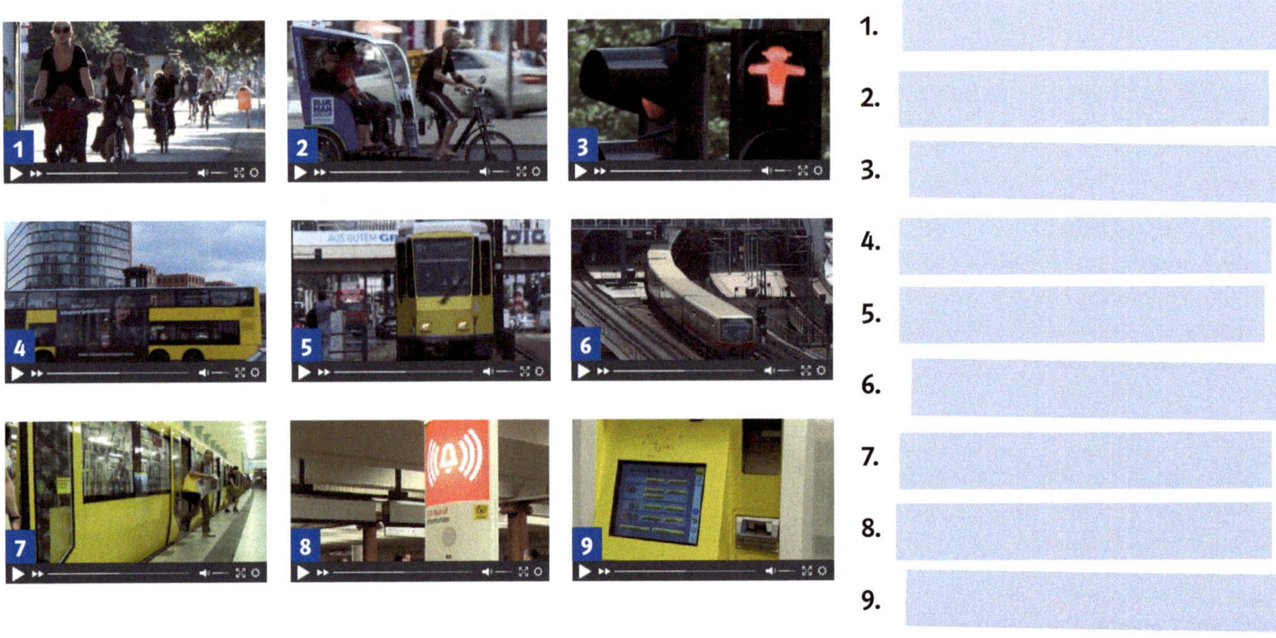

1.
2.
3.
4.
5.
6.
7.
8.
9.

2 Sieh dir den Film an und kontrolliere. > FILM 5

3 Richtig (R) oder falsch (F)? Sieh dir den Film noch einmal an und kreuze an. > FILM 5

	R	F
1. Die Berliner benutzen das Fahrrad nur im Sommer.		
2. Vor allem Touristen benutzen Fahrrad-Taxis.		
3. Busfahrer verkaufen keine Fahrausweise.		
4. Der Berliner Polizist heißt Ampelmännchen.		
5. Alle Straßenbahnen in Berlin sind gelb.		
6. Mit der S-Bahn kann man bis Hamburg fahren.		
7. Am Alexanderplatz kreuzen sich drei U-Bahn-Linien.		
8. Die BVG ist die Fußballmannschaft Berlins.		

4 Wie geht der Satz weiter? Verbinde.

1. [ ] In Berlin gibt es
2. [ ] Das Fahrrad-Taxi ist
3. [ ] Busse, Straßenbahnen und U-Bahnen sind
4. [ ] Typisch für Berlin ist
5. [ ] Am Alexanderplatz kreuzen sich
6. [ ] Am Fahrscheinautomaten kann man
7. [ ] Man muss immer den Fahrschein
8. [ ] Im Notfall benutzt man

a. das Ampelmännchen.
b. drei U-Bahn-Linien.
c. Notruf-Säulen.
d. viele Radwege.
e. entwerten.
f. ein lustiges Verkehrsmittel.
g. Fahrscheine kaufen.
h. in Berlin gelb.

5 Wie lautet die richtige Antwort? Ordne zu.

1. [ ] Warum benutzen viele Berliner das Fahrrad?
2. [ ] Wie heißt die typische Berliner Ampelfigur?
3. [ ] In welchem Teil Berlins gibt es Straßenbahnen?
4. [ ] Wo kreuzen sich die Linien U2, U5 und U8?
5. [ ] Was ist BVG?

a. Ampelmännchen.
b. Es ist praktisch und umweltfreundlich.
c. Die Berliner Verkehrsgesellschaft.
d. Am Alexanderplatz.
e. Vor allem im Ostteil der Stadt.

6 Wer kann am schnellsten die Frage beantworten?

1

2

SOS/Notruf
hier drücken
3

4

Was bedeuten die Schilder und Informationen?

1. ____
2. ____
3. ____
4. ____

LETZTE WOCHE, VORGESTERN, GESTERN

A Was haben Lena und Paul gestern gemacht?

1 Welcher Text passt zu welchem Bild? Hör zu und ordne zu. > HÖREN ▶ 15

1. Gestern hat Lena ihre Oma besucht. Sie hat ihr Blumen mitgebracht. Die Oma hat sich sehr gefreut.

   Bild: 

2. Sie haben zusammen Tee getrunken und Kuchen gegessen. Lena hat viel von der Schule erzählt.

   Bild: 

3. Dann hat Lena die Wohnung geputzt und ein bisschen Ordnung gemacht. Die Oma hat inzwischen ferngesehen.

   Bild: 

4. Um 18.00 Uhr hat Lena zu ihrer Oma „Tschüs" gesagt und ist nach Hause gegangen.

   Bild: 

Grammatik

hat … mit**ge**bracht
hat … fern**ge**sehen

hat … erzählt
hat … besucht

2 Bilde Sätze. > WORTSCHATZ

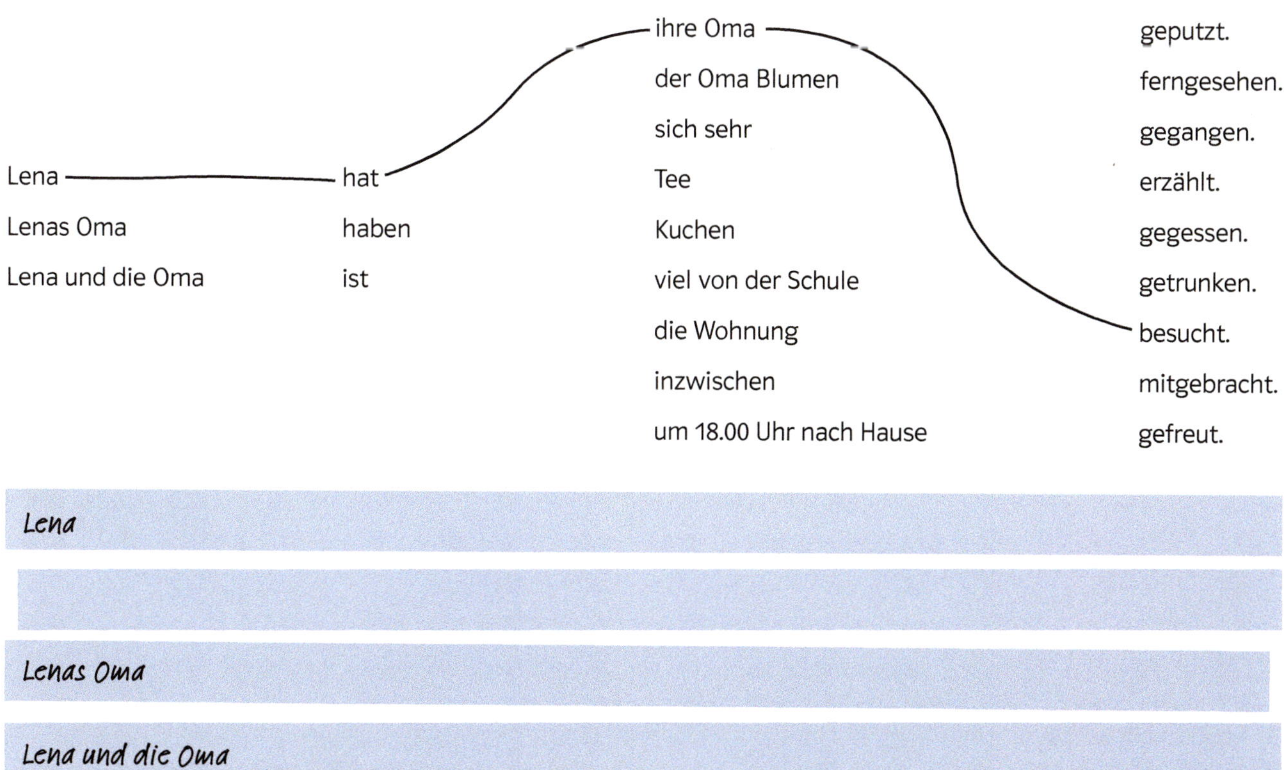

Lena

Lenas Oma

Lena und die Oma

3 Zur Kontrolle. Hör zu und sprich nach. > HÖREN 16

4 Perfekt: Was gehört zusammen? > WORTSCHATZ

1. ☐ besuchen	a. hat … gemacht
2. ☐ freuen	b. hat … getrunken
3. ☐ trinken	c. hat … gegessen
4. ☐ essen	d. hat … mitgebracht
5. ☐ putzen	e. hat … besucht
6. ☐ machen	f. hat … erzählt
7. ☐ sagen	g. ist … gegangen
8. ☐ gehen	h. hat … ferngesehen
9. ☐ fernsehen	i. hat … geputzt
10. ☐ mitbringen	j. hat … gesagt
11. ☐ erzählen	k. hat … gefreut

5 Hör zu, lies mit und finde die richtige Reihenfolge. > HÖREN 17

- [ ] Eine Katastrophe: Die Soße ist angebrannt! Also habe ich Spaghetti mit Ketchup gegessen. Ekelhaft!
- [ ] In der Schule habe ich eine Fünf in Mathe bekommen.
- 1 Gestern ist alles schiefgegangen …
- [ ] Und meine Mutter hat sich dann geärgert.
- [ ] Meine Mutter war nicht da, also habe ich selber gekocht: Nudeln mit Tomatensoße.
- [ ] Dann habe ich den Bus verpasst und bin spät zu Hause angekommen.

…

6 Ergänze die Sätze. > WORTSCHATZ

1. Paul hat eine Fünf in Mathe ______
2. Paul hat den Bus nach Hause ______
3. Paul ist spät zu Hause ______
4. Paul hat selber Nudeln mit Tomatensoße ______
5. Paul hat Spaghetti mit Ketchup ______
6. Die Mutter hat sich über Paul ______

Grammatik

ist … an**ge**kommen
hat … bekommen
hat … verpasst

7 Ich frage, du antwortest … Bildet Dialoge. > SPRECHEN

- Wer hat Nudeln mit Tomatensoße gekocht?
- Paul hat Nudeln mit Tomatensoße gekocht.

- Wer hat ferngesehen?
- Die Oma hat ferngesehen.

8 Was hast du gestern gemacht? Erzähle. > SPRECHEN

Ich bin ins Kino gegangen.

Ich habe bis 22.00 Uhr Musik gehört.

Ich habe mit Erika gechattet.

Ich bin zu Hause geblieben und habe gelernt.

AB-Übungen 1 - 10

B Was ist Frau Wagner letzten Samstag passiert?

9 Was hat Frau Wagner wann gemacht? Ergänze die Uhrzeiten. > WORTSCHATZ

1. ______ nach Hause zurückkommen; Hausschlüssel suchen
2. ______ Kaufhaus: Schuhe und eine Bluse kaufen
3. ______ mit Jutta spazieren gehen
4. ______ im Restaurant essen; Zeitung lesen; Hausschlüssel vergessen!
5. ______ ein Taxi rufen; mit dem Taxi zum Restaurant zurückfahren
6. ______ mit dem Bus in die Stadt fahren
7. ______ Schlüssel finden; wieder nach Hause fahren
8. ______ sich müde fühlen; sich auf das Sofa setzen und Musik hören
9. ______ Jutta treffen; zusammen Kaffee trinken, lange sprechen

10 Wie lautet das Perfekt der Verben aus 9? Ergänze die Tabelle. > WORTSCHATZ

	Partizip Perfekt auf *-t*	Partizip Perfekt auf *-en*
haben	gekauft,	getroffen,
sein	passiert,	gefahren,

11 Ich frage, du antwortest … Bildet Dialoge. > SPRECHEN

- Um wie viel Uhr hat Frau Wagner mit Jutta Kaffee getrunken?
- Sie haben um 10.45 Uhr Kaffee getrunken.

- Ist Frau Wagner um 9.30 Uhr mit dem Bus in die Stadt gefahren?
- Nein, sie ist um …

12 Kettenfragen. > SPRECHEN

Was hast du letzten Samstag um 9.00 Uhr gemacht? ▶ Ich habe gefrühstückt. Was hast du letzten Samstag um 9.30 Uhr gemacht? ▶ Ich …

Grammatik

ist … gegangen
ist … gefahren
ist … zurückgefahren
ist … zurückgekommen
ist … spazieren gegangen
ist … passiert

AB-Übungen
11 – 17

C Wo warst du letztes Jahr?

Ich habe letztes Jahr einen tollen Urlaub gemacht: Ich war in einem internationalen Feriencamp in Tirol. Wir waren 16 Leute, Jungs und Mädchen aus verschiedenen Ländern. Deswegen war Englisch die offizielle Kommunikationssprache. Klaus und Bettina, die Betreuer, haben nur Englisch mit uns gesprochen. Wir sind eine Woche da geblieben, und zwar vom 2. bis zum 9. August. Wir haben in einer Hütte in den Bergen gewohnt. Geschlafen haben wir in einem Matratzenlager – sehr spartanisch und abenteuerlich! Wir haben schöne Wanderungen und tolle Fahrradtouren gemacht. Wir sind auch geklettert, natürlich mit der passenden Ausrüstung! Da das Wetter sehr schön war, haben wir sogar in einem kleinen Bergsee gebadet. Am Abend haben Klaus und Bettina Grillpartys organisiert. Nach dem Essen haben wir am Lagerfeuer gesessen. Laura, ein Mädchen aus Rom, hatte ihre Gitarre dabei und wir haben alle gesungen. Übrigens: Ich bin noch in Kontakt mit ihr. Wir haben uns gestern auf Facebook getroffen …

13 Hör zu und lies mit. > HÖREN ▶ 18

14 Verbinde Fragen mit Antworten. > LESEN

1. ☐ Wo war Mesut letztes Jahr?
2. ☐ Wie lange ist Mesut dort geblieben?
3. ☐ Wie viele Jugendliche haben an dem Feriencamp teilgenommen?
4. ☐ Welche Sprache haben die Jugendlichen untereinander gesprochen?
5. ☐ Wo haben die Jugendlichen gewohnt?
6. ☐ Was hat Mesut in dem Feriencamp gemacht?
7. ☐ Was haben die Betreuer organisiert?
8. ☐ Wen hat Mesut kennen gelernt?

a. Eine Woche.
b. Englisch.
c. Grillpartys.
d. 16 Leute.
e. In einem Feriencamp in Tirol.
f. In einer Hütte in den Bergen.
g. Ein Mädchen aus Rom.
h. Wanderungen und Fahrradtouren.

15 Beantworte die Fragen aus 14. Bilde Sätze. > WORTSCHATZ

Mesut war in einem Feriencamp in Tirol. Er ist dort eine Woche geblieben.

16 Wann war das? Lies die Beispiele und ergänze die Wochentage. > WORTSCHATZ

Juni 2016	Juni 2016	Juni 2016	Juni 2016	Juni 2016	Mai 2016	Juni 2015
20.	19.	18.	13.	10.	20.	20.
Montag					Freitag	Samstag
heute	gestern	vorgestern	letzte Woche	vor zehn Tagen	letzten Monat	letztes Jahr

17 Ich frage, du antwortest … Bildet Dialoge. > SPRECHEN

nach München fahren / vor zehn Tagen
Geld verlieren / letzte Woche
Hausaufgabe vergessen / gestern
mit Tobias telefonieren / vorgestern
eine Party organisieren / letzten Monat
einen Pulli kaufen / heute
Musik hören / vor zwei Tagen
Großeltern besuchen / letztes Jahr

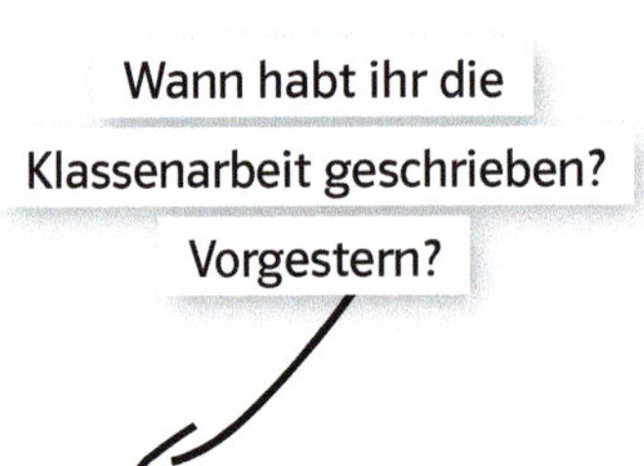

Ja, vorgestern haben wir die Klassenarbeit geschrieben.

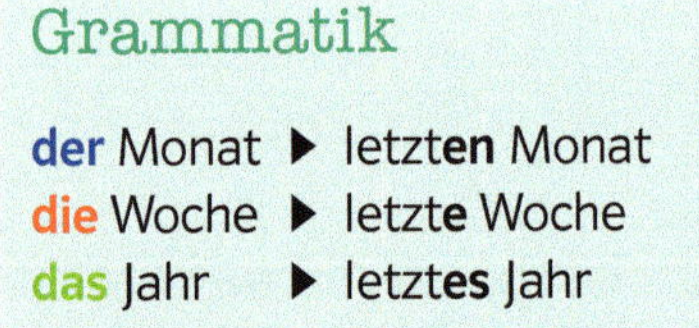

Grammatik

der Monat ▶ letzten Monat
die Woche ▶ letzte Woche
das Jahr ▶ letztes Jahr

18 Wann war er / sie …? Fragt und antwortet. > SPRECHEN

- Wann war Mesut in Tirol?
- Er war im August dort.

Januar
Februar
März
April
Mai
Juni
Juli
August
September
Oktober
November
Dezember

19 Richtig (R) oder falsch (F)? Hör zu und kreuze an. > HÖREN ▶ 19

	R	F
1. Mesut war mit seinem Freund Fabian im Feriencamp.		
2. Mesut ist mit dem Zug nach Innsbruck gefahren.		
3. Mesuts Eltern haben ihn direkt nach Imst gefahren.		
4. Ein Betreuer hat in Innsbruck auf Mesut gewartet.		
5. Mesut hat sich beim Klettern wehgetan.		
6. Die Feriencamp-Teilnehmer haben in einer Hütte übernachtet.		
7. Unter den Teilnehmern war auch ein Mädchen aus Frankreich.		

20 Antworte. > SPRECHEN

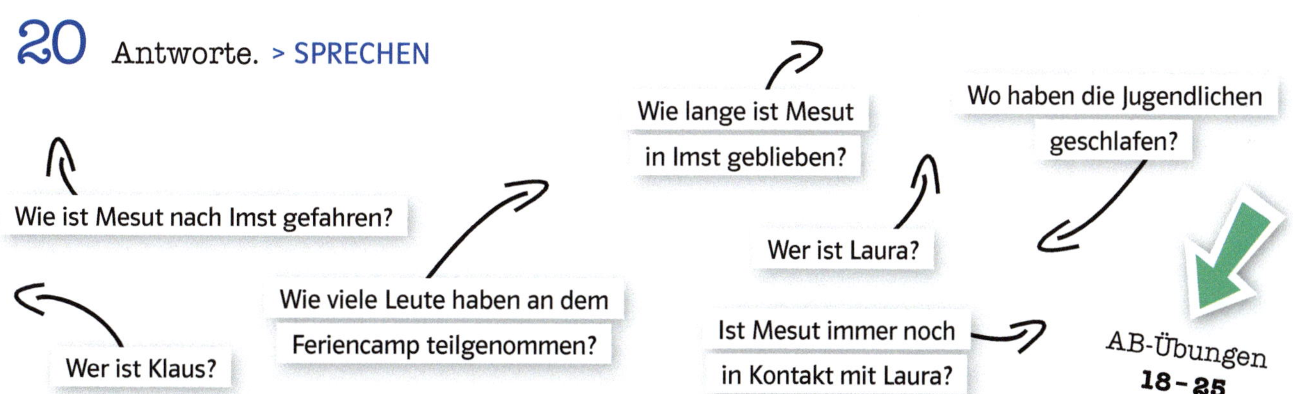

AB-Übungen 18–25

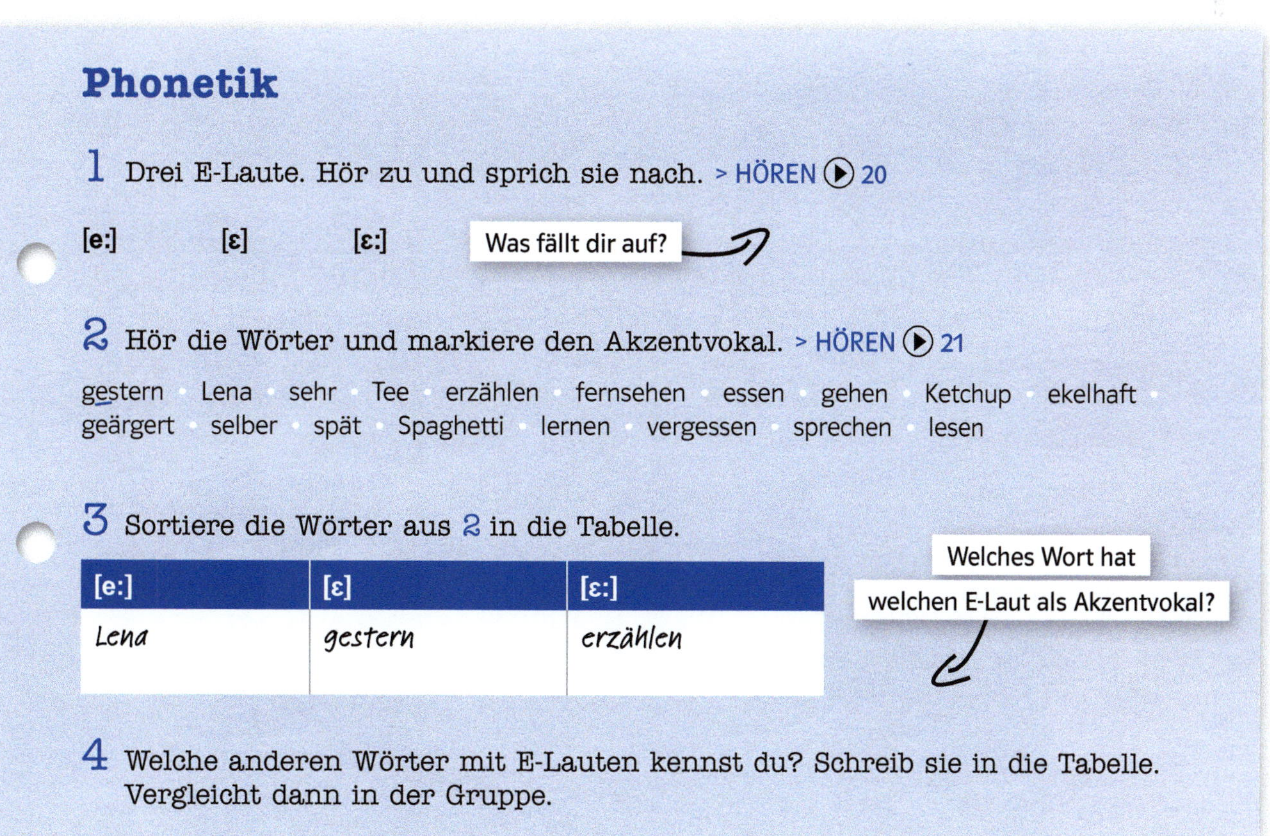

Phonetik

1 Drei E-Laute. Hör zu und sprich sie nach. > HÖREN ▶ 20

[e:] [ɛ] [ɛ:]

Was fällt dir auf?

2 Hör die Wörter und markiere den Akzentvokal. > HÖREN ▶ 21

gestern · Lena · sehr · Tee · erzählen · fernsehen · essen · gehen · Ketchup · ekelhaft · geärgert · selber · spät · Spaghetti · lernen · vergessen · sprechen · lesen

3 Sortiere die Wörter aus 2 in die Tabelle.

[e:]	[ɛ]	[ɛ:]
Lena	gestern	erzählen

Welches Wort hat welchen E-Laut als Akzentvokal?

4 Welche anderen Wörter mit E-Lauten kennst du? Schreib sie in die Tabelle. Vergleicht dann in der Gruppe.

Lektion 13

GRAMMATIK SCHNELL & KLAR

Verben im Perfekt
Partizip Perfekt

Regelmäßige Verben	
freuen	▶ **ge**freu**t**
lernen	▶ **ge**lern**t**
wohnen	▶ **ge**wohn**t**
Unregelmäßige Verben	
sprechen	▶ **ge**sproch**en**
schlafen	▶ **ge**schlaf**en**
trinken	▶ **ge**trunk**en**
Trennbare Verben	
ein|kaufen	▶ ein**ge**kauf**t**
mit|bringen	▶ mit**ge**brach**t**
zurück|kommen	▶ zurück**ge**komm**en**
Untrennbare Verben	
besuchen	▶ besuch**t**
erzählen	▶ erzähl**t**
bekommen	▶ bekomm**en**
Verben auf -ieren	
passieren	▶ passier**t**
organisieren	▶ organisier**t**
reparieren	▶ reparier**t**

Deine Beispiele

	▶ gebadet
putzen	▶
hören	▶
finden	▶
	▶ gesehen
	▶ gelesen
anrufen	▶
	▶ aufgemacht
teilnehmen	▶
	▶ vergessen
benutzen	▶
verpassen	▶
telefonieren	▶
notieren	▶
	▶ studiert

Perfekt mit *haben*

Lena **hat** die Wohnung **geputzt**.

Die Oma **hat ferngesehen**.
Paul **hat** eine Fünf in Mathe **bekommen**.
Paul **hat** Spaghetti **gegessen**.
Wir **haben** zusammen **gefrühstückt**.
Habt ihr gestern über die Schule **diskutiert**?

_____ sich geärgert.
_____ getrunken.
_____ aufgepasst.
_____ gekocht.
Wir haben _____

Perfekt mit *sein*

Mesut **ist** nach Tirol **gefahren**.

Mesut **ist** eine Woche in Imst **geblieben**.
Mesut und seine Freunde **sind geklettert**.
Was **ist** gestern **passiert**?
Um wie viel Uhr **seid** ihr **zurückgekommen**?
Warum **bist** du zu Hause **geblieben**?

Deine Beispiele

Wir ______ zu spät angekommen.
Gestern ______ ich ins Kino gegangen.
Julia ______ 10 km gejoggt.
Im Sommer ______

Temporalangaben (Vergangenheit)

gestern, vorgestern

vor 10 Tagen, **vor** 2 Stunden

letzten Monat, **letzte** Woche, **letztes** Jahr

im Mai 2015, **im** Januar 2010

Gestern habe ich ______
Vor 2 Wochen bin ich ______
Letzten Sommer hat mein Freund ______
Im Juni 2016 war ich ______

Sätze mit *deshalb*

Die Teilnehmer waren aus verschiedenen Ländern.

I	II	III
Deshalb	haben	alle Englisch gesprochen.

Ich bin sehr müde.
Deshalb ______

Ich habe eine schlechte Note bekommen.
Deshalb ______

Ich war hungrig.
Deshalb ______

sein im Präteritum

	sein
ich	**war**
du	**warst**
er, sie, es	**war**
wir	**waren**
ihr	**wart**
sie, Sie	**waren**

Wo waren die Personen gestern?
Anke ______
Elke ______
Micha ______
Lena ______
Paul ______
Ulrike und Jens ______
Und du? Wo ______ du?
______

Wichtige Wörter

besuchen
Lena hat ihre Oma besucht.

erzählen (von + Dat.)
Sie hat viel von der Schule erzählt.

sich freuen (über + Akk.)
Die Oma hat sich über die Blumen gefreut.

mit|bringen
Was habt ihr mitgebracht?

die Ordnung
Sie hat Ordnung gemacht.

putzen

an|kommen
Ich bin spät zu Hause angekommen.

sich ärgern (über + Akk.)
Die Mutter hat sich geärgert.

bekommen
Ich habe eine Fünf in Mathe bekommen.

die Katastrophe, -n
Das war eine Katastrophe!

kochen
Ich habe selber gekocht.

schief|gehen
Alles ist schiefgegangen.

die Soße, -n
Ich mag Spaghetti mit Tomatensoße.

verpassen
Ich habe den Bus verpasst.

der Hausschlüssel, -
Ich habe die Hausschlüssel gefunden.

passieren
Was ist passiert?

rufen
Ich habe ein Taxi gerufen.

sich setzen
Sie hat sich auf das Sofa gesetzt.

zurück|fahren
Ich bin zum Restaurant zurückgefahren.

zurück|kommen
Wann kommst du nach Hause zurück?

baden

der Berg, -e
Wir waren in den Bergen.

der Betreuer, -

bleiben
Ich bin eine Woche da geblieben.

das Feriencamp, -s

die Gitarre, -n
Sie hatte eine Gitarre dabei.

die Hütte, -n

der Kontakt, -e
Ich bin in Kontakt mit Julia.

das Lagerfeuer, -
Wir haben am Lagerfeuer gesessen.

die Leute (Plural)
Wie viele Leute waren da?

das Matratzenlager, -

der See, -n
Wir haben in einem Bergsee gebadet.

singen

der Urlaub

die Wanderung, -en
Wir haben die Wanderungen gemacht.

da
Meine Mutter war nicht da.

denn
Was ist denn?

deshalb
Deshalb ist er zu Hause geblieben!

inzwischen
Inzwischen hat die Oma ferngesehen.

letzt-
Wo warst du letztes Jahr?

verschieden
Leute aus verschiedenen Ländern

Lektion 13

Landeskunde

Am 13. August 1961 haben Soldaten aus der DDR die Berliner Mauer gebaut. Sie war ein Symbol für die Trennung Deutschlands. Zwischen 1949 und 1990 hat es zwei deutsche Staaten gegeben, aber auch zwei Berlins: West-Berlin und Ost-Berlin. Genau am 9. November 1989 ist die Mauer gefallen. So war der Weg frei für die Wiedervereinigung: Aus zwei Deutschlands wurde ein Deutschland, aus zwei Berlins wurde ein Berlin. Kein Wunder, dass viele Deutsche gefeiert haben.

1 Lies das Interview und ergänze die Aussagen.

gefeiert • gesehen • gefragt • gespielt • gefahren • geschlafen

Wir sind heute in Berlin und fragen die Leute, was sie am Tag gemacht haben, als die Mauer gefallen ist. Da ist schon unsere erste Gesprächspartnerin:

Hallo, was haben Sie gemacht, als die Mauer gefallen ist?

Ich komme ja aus der ehemaligen DDR. Ich bin sofort an die Grenze ______ Und dann habe ich ______ – die ganze Nacht lang. Das haben viele gemacht.

Da kommt auch schon der nächste Fußgänger.
Entschuldigen Sie, was haben Sie gemacht, als die Mauer gefallen ist?

Ich war auf dem Tennisplatz und habe eine Partie ______ , als wir auf der Straße Jubel gehört haben. Wir haben dann ______ , was los ist. Und ein Mann wiederholte nur: Die Mauer ist gefallen, die Mauer ist gefallen, die Mauer ist gefallen …

Eine Frau kommt dazu und erzählt uns:

Ich habe nichts gemacht, habe nur ______ . Ich war leider sehr krank. Aber im Fernsehen habe ich am Tag danach natürlich die Bilder ______

Projektecke **Besuch im Mauermuseum**

Arbeitet in Gruppen. Sucht im Internet nach Informationen zum Mauermuseum (www.mauermuseum.de). Stellt dann eure Informationen den anderen Gruppen vor.

Anfahrt	Öffnungszeiten und Tickets	Führungen	Shop und Souvenirs	Fakten über Mauer

ZWISCHENSTOPP 13

1 Richtig (R) oder falsch (F)? Lies den Text und kreuze an. > LESEN

Ein ehrlicher Tankwart

„Ich war einfach schockiert! Wie kann man so zerstreut sein?", fragt sich Frank Struck. Was er erlebt hat, kommt bestimmt nicht jeden Tag vor. Der 25-jährige Student arbeitet in den Sommerferien als Tankwart bei einer Tankstelle in Lüneburg. Letzten Mittwoch hat er auf einem Tisch neben der Kasse eine schwarze Ledertasche gefunden. „Jemand wird kommen und die Tasche abholen", hat sich Frank gedacht und die Tasche genommen. Doch in den nächsten Tagen ist nichts passiert, niemand ist gekommen. Also hat Frank die Tasche geöffnet … Drinnen waren 12.000 Euro! Er hat einen Moment überlegt – das ist ja viel Geld. Aber dann hat er doch mit seinem Chef gesprochen und die Tasche in den Tresor gestellt. Am nächsten Tag hat der Chef die Polizei informiert. Frank hat sich dann mit einem Polizisten das Überwachungsvideo der Tankstelle angeschaut. Auf dem Video haben sie gesehen, wie ein Mann an der Kasse bezahlt, einen Kaffee im Bistro trinkt und dann seine Tasche auf dem Tisch vergisst. Das Video hat auch gezeigt, wie der Mann dann

in sein Auto einsteigt. Über das Autokennzeichen hat die Polizei den Mann gefunden und ihm die 12.000 Euro zurückgegeben. Dieser war natürlich überglücklich, dass er sein Geld wiederhat. „Ich bin Herrn Struck sehr dankbar! Natürlich bekommt er einen Finderlohn, und zwar 500 Euro", sagt er.

	R	F
1. Frank arbeitet an einer Tankstelle in Lüneburg.		
2. Frank hat 12.000 Euro verloren.		
3. Frank hat eine Tasche mit viel Geld gefunden.		
4. Frank Struck hat die Polizei informiert.		
5. Frank Struck hat die Tasche mit nach Hause genommen.		
6. Der Mann hat Frank 500 Euro gegeben.		

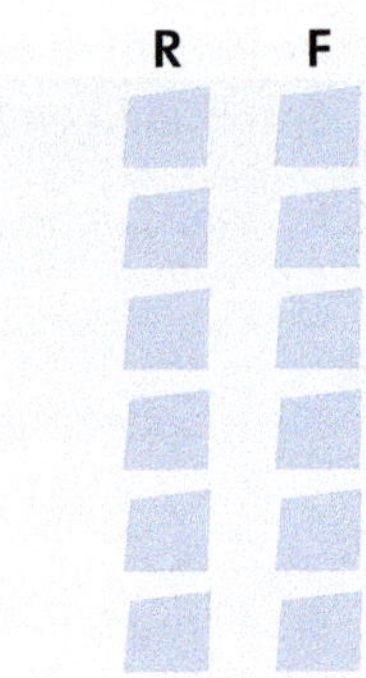

2 Richtig (R) oder falsch (F)? Hör zu und kreuze an. > HÖREN ▶ 22

Wie haben sich Herr und Frau Stein kennengelernt?

	R	F
1. Herr und Frau Stein sind seit 30 Jahren verheiratet.		
2. Herr und Frau Stein haben sich in Hamburg kennengelernt.		
3. Frau Stein hat Jura in Bonn studiert.		
4. Herr und Frau Stein haben sich zum ersten Mal in einem Café gesehen.		
5. Herr und Frau Stein haben sich sofort ineinander verliebt.		
6. Nach der Prüfung haben Herr und Frau Stein die gute Note in einem Lokal gefeiert.		
7. Frau Stein ist zur ersten Verabredung nicht gekommen.		

3 Lies die SMS von Markus und beantworte sie. > SCHREIBEN

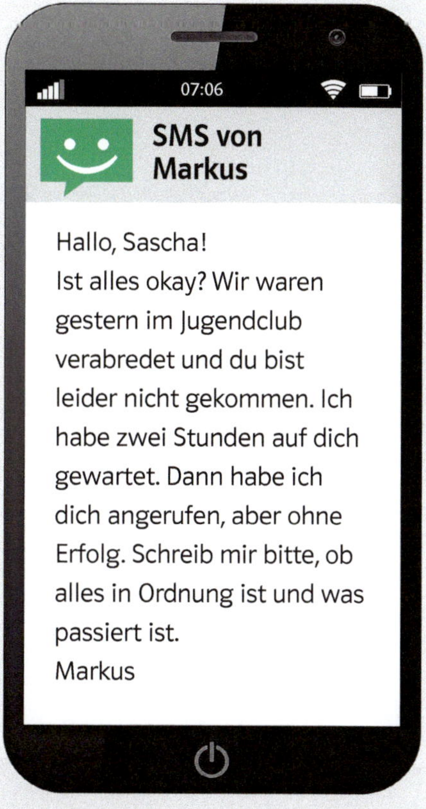

4 Wo, wann, was? Fragt und antwortet. > SPRECHEN

Zeig ein paar deiner Familienfotos und beantworte die Fragen deines Partners / deiner Partnerin.

A Was tut dir weh?

1 Wer sagt das? Lies die Sätze und ordne sie den Bildern zu. > LESEN

a. Hast du Schmerzen? Was tut dir weh?
b. Vielleicht hast du Fieber. Mal sehen … du bist aber heiß. Ich hole das Thermometer.
c. Julia, was ist mit dir los? Du bist ganz blass im Gesicht.
d. Nein, Mutti, ich habe keinen Appetit. Ich möchte nur was trinken …
e. Ja, Mutti, ich glaube, ich habe Fieber. Ich fühle mich so matt.
f. Ich fühle mich nicht wohl …
g. Julia, du hast Fieber: 38,5°! Ich rufe sofort den Arzt an und mache einen Termin aus. Möchtest du was essen?
h. Ich habe Kopfschmerzen. Und auch die Knochen tun mir weh.

2 Zur Kontrolle. Hör zu und sprich nach. > HÖREN ▶ 23

3 Wie heißen die Körperteile? Hör zu und sprich nach. > HÖREN ▶ 24

1. der Kopf
2. das Auge, die Augen
3. das Ohr, die Ohren
4. die Nase
5. der Mund
6. der Zahn, die Zähne
7. der Hals
8. der Arm, die Arme
9. die Hand, die Hände
10. der Finger, die Finger
11. der Bauch
12. der Rücken
13. das Bein, die Beine
14. das Knie, die Knie
15. der Fuß, die Füße

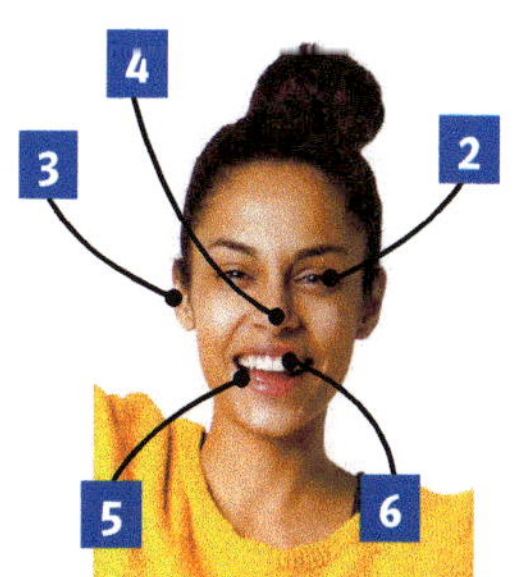

4 Schau dir das Bild eine Minute lang an. Mach dann das Buch zu. Nenn so viele Körperteile wie möglich. > WORTSCHATZ

5 Kettenfragen. > SPRECHEN

Was tut dir weh, Paul? ▶ Mir tut mein Kopf weh. Was tut dir weh, Maria? ▶ Mir tun …

Grammatik

Mir **tut** mein Hals weh.
Mir **tun** die Beine weh.

6 Bildet Dialoge. > SPRECHEN

der Bauch • der Hals • der Rücken • die Ohren • der Zahn

Grammatik

seit **einem** Monat
seit **einer** Woche
seit **einem** Jahr
seit zehn Tagen

7 Was hilft gegen ...? Ordne zu und erkläre. > WORTSCHATZ

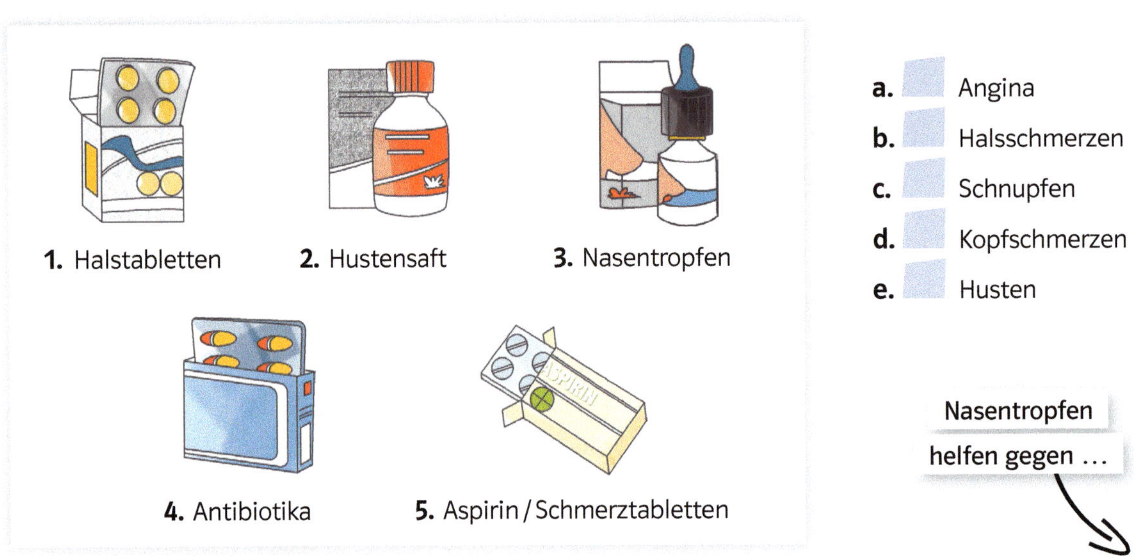

1. Halstabletten
2. Hustensaft
3. Nasentropfen
4. Antibiotika
5. Aspirin / Schmerztabletten

a. ☐ Angina
b. ☐ Halsschmerzen
c. ☐ Schnupfen
d. ☐ Kopfschmerzen
e. ☐ Husten

Nasentropfen helfen gegen …

8 Ich frage, du antwortest ... > SPRECHEN

- Was nimmst du, wenn du Halsschmerzen hast?
- Wenn ich Halsschmerzen habe, nehme ich Halstabletten.

9 Wer hat welche Schmerzen? Hör zu und kreuze an. > HÖREN 25

	Herr Blum	Frau Specht	Jana	Max
… hat Bauchschmerzen.				
… hat Zahnschmerzen.				
… hat Rückenschmerzen.				
… hat Halsschmerzen.				
Warum?				
… hat im Garten gearbeitet.				
… raucht zu viel.				
… isst zu viele Bonbons.				
… hat Angst vor der Klassenarbeit.				

10 Sammle Informationen und erzähle. > SPRECHEN

	Dein Partner / Deine Partnerin
Wann warst du zum letzten Mal beim Arzt? Warum?	
Hast du schon mal Grippe gehabt?	
Wie lange hast du in der Schule gefehlt, als du letztens krank warst?	
Was machst du, wenn du Fieber hast?	

AB-Übungen
1–11

B Hilfe! Ich habe ein Problem!

LARA
Hi, Leute! Ich habe ein Problem: Ich bin 17 Jahre alt, 1,63 groß und bin einfach zu dick! Ich wiege 65 Kilo! Was soll ich tun? Ich habe schon zweimal versucht, mit einer Diät abzunehmen, aber ohne Erfolg! Und das ist sooo frustrierend … Ich brauche unbedingt eure Hilfe. 1000 Dank.

KATHARINA
Lara, du bist nicht zu dick, 65 Kilo sind nicht zu viel. Aber, wenn du dich nicht wohlfühlst, kannst du ein paar Kilo locker loswerden. Es ist nur eine Frage der Ernährung: Iss einfach vernünftig, teile dein Essen in kleinere Portionen, verzichte auf Fast Food und Süßigkeiten. Ernähre dich gesund: frisches Gemüse, mageres Fleisch, viel Obst … Und trink viel Wasser: Wenn der Magen voll ist, hast du kein Hungergefühl. Bewegung ist sehr wichtig! Treib also Sport: Geh joggen, fahr Rad oder such dir einen Verein. Zusammen mit anderen Leuten macht Sport mehr Spaß! Und wenn das nicht hilft, dann lass dich von einem Ernährungswissenschaftler beraten. Aber bitte, keine Do-it-yourself-Diäten! Finger weg davon, sie können gefährlich sein! Viel Glück!

11 Zum Verständnis. Beantworte die Fragen. > LESEN

1. Was ist Laras Problem?
2. Hat Lara schon mal versucht abzunehmen?
3. Warum ist Lara so deprimiert?
4. Ist Lara wirklich zu dick? Was sagt Katharina?
5. Was soll Lara tun?
6. Wer kann Lara helfen?
7. Was soll Lara nicht tun?

12 Lies Katharinas Antwort und unterstreiche alle Imperativformen. > LESEN

13 Was sagt Katharina? Forme die Aussagen um. > WORTSCHATZ

direkt *Iss vernünftig!*

indirekt *Katharina sagt, Lara soll vernünftig essen.*

direkt *Teile dein Essen in kleinere Portionen!*

indirekt *Katharina sagt, Lara soll ihr Essen in kleinere Portionen verteilen.*

direkt *Verzichte auf Fast Food und Süßigkeiten!*

indirekt

direkt

indirekt

direkt

indirekt

direkt

indirekt

direkt

indirekt

14 Ich frage, du antwortest … Bildet Dialoge. > SPRECHEN

- Soll ich Sport treiben?
- Ja, natürlich! Treib viel Sport!

weniger essen • viel Wasser trinken • joggen gehen • sich gesund ernähren • regelmäßig Rad fahren

Grammatik

Imperativ (2. Person Sing.)

machen ▶ Mach(e)!
trinken ▶ Trink(e)!
nehmen ▶ Nimm!
essen ▶ Iss!
fahren ▶ Fahr!

15 Was sagt Frau Stock? Ergänze ihre Aussage. > WORTSCHATZ

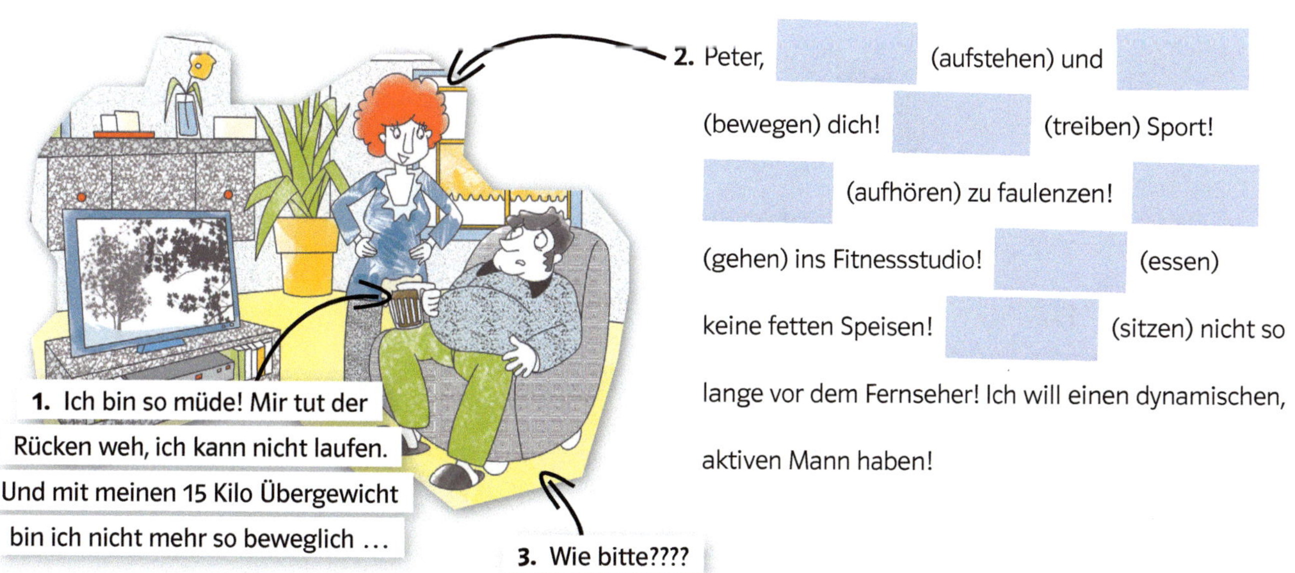

2. Peter, ______ (aufstehen) und ______ (bewegen) dich! ______ (treiben) Sport! ______ (aufhören) zu faulenzen! ______ (gehen) ins Fitnessstudio! ______ (essen) keine fetten Speisen! ______ (sitzen) nicht so lange vor dem Fernseher! Ich will einen dynamischen, aktiven Mann haben!

16 Zur Kontrolle. Hör zu und lies mit. > HÖREN 26

17 Ratschläge. Ordne zu. > WORTSCHATZ

1. ___ Mir tut der Kopf weh.
2. ___ Ich bin so müde.
3. ___ Martin hat Grippe.
4. ___ Wir haben Hunger.
5. ___ Ich bekomme schlechte Noten.
6. ___ Wir haben zu wenig Zeit.
7. ___ Ich bin so gestresst.
8. ___ Ich möchte eine gute Kondition haben.

a. Esst ein Schinkenbrot!
b. Treib viel Sport!
c. Ruf sofort den Arzt an!
d. Mach Urlaub!
e. Geh schlafen!
f. Lern mehr!
g. Nimm Schmerztabletten!
h. Spielt weniger am Computer!

Grammatik

Imperativ (2. Person Pl.)

machen ▶ Macht!
trinken ▶ Trinkt!
nehmen ▶ Nehmt!
essen ▶ Esst!
fahren ▶ Fahrt!

18 Tipps finden. Arbeitet in der Gruppe. > SPRECHEN

Sammelt in Gruppen Probleme mit der Gesundheit und schreibt sie auf.
Sucht dann allein in der Klasse nach Tipps für euer Problem.

- Ich bin oft krank.
- Dann musst du zum Arzt gehen.

- Ich habe Kopfschmerzen.
- Dann solltest du …

- Ich bin sehr müde.
- Dann mach Sport!

AB-Übungen 12 – 19

C Was tust du für deine Gesundheit?

19 Wer sagt das? Lies und bilde Sätze. > WORTSCHATZ

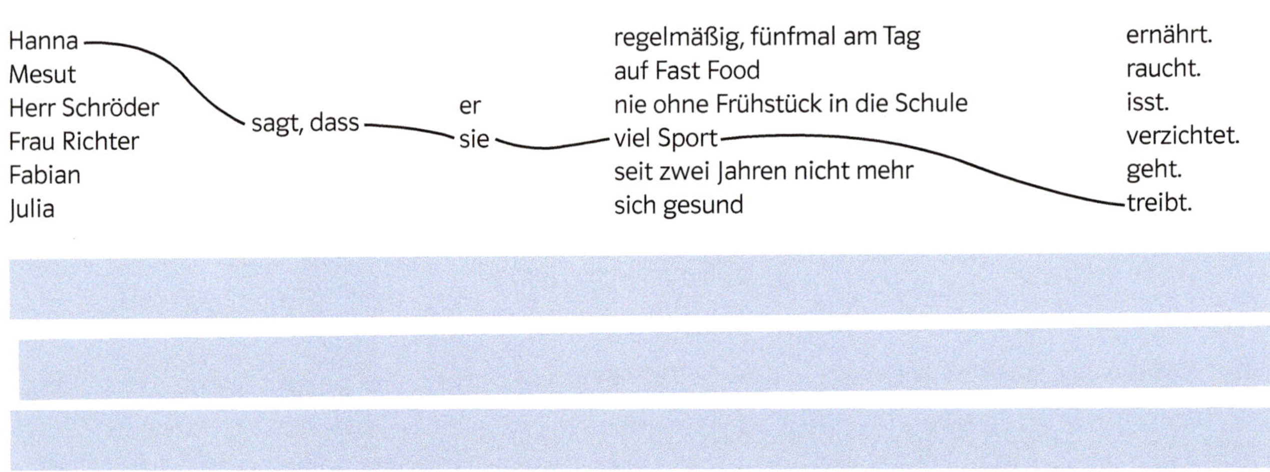

20 Ich frage, du antwortest ... Bildet Dialoge. > SPRECHEN

- Was sagt Hanna?
- Sie sagt, dass sie viel Sport treibt.

- Weißt du, dass Hanna viel Sport treibt?
- Ja, ich habe gehört, dass Hanna viel Sport treibt.

21 Kettenfragen. > SPRECHEN

Ich jogge jeden Tag. ▶ Julia sagt, dass sie jeden Tag joggt. Ich trinke viel Wasser. ▶ Jens sagt, dass er …

22 Was sagt Frau Koch? Lies den Text und erzähle. > LESEN

Frau Koch sagt, dass sie Vegetarierin ist.

Frau Koch ist Vegetarierin

Ich bin seit vielen Jahren Vegetarierin, d. h. ich esse prinzipiell kein Fleisch. Ich bin zwar Vegetarierin, aber keine Veganerin. Ich esse also Tierprodukte wie z. B. Eier und Käse. Ich trinke auch Milch … Ich bin dagegen, dass man Tiere tötet. Und zu viel Fleisch ist sowieso ungesund! Es gibt genug Produkte, die man essen kann, auch wenn man Vegetarier ist: Obst, Gemüse, Nudeln, Reis, Eier … und auch viele Sojaprodukte. Sojaprodukte sind lecker und schmecken sehr gut. Diese Produkte kaufe ich im Bioladen.

Frau Koch sagt, dass sie kein Fleisch isst.

Frau Koch sagt, …

AB-Übungen **20 – 25**

Phonetik

Sprich zuerst ein langes *i*, dann runde die Lippen und du hörst ein *ü*.

1 Wie kann man den Ü-Laut lernen? Trainiere.

2 Hör die beiden Laute und sprich sie nach. > HÖREN ▶ 27

[y:] **[ʏ]**

Was fällt dir auf?

3 Lies die Wörter und hör zu. Dann beantworte die Frage. > HÖREN ▶ 28

mü|de **Rü|cken**

Wie markiert man lange und kurze Vokale im Wörterbuch?

4 Kurz oder lang? Sprich die Wörter laut aus und markiere. > HÖREN ▶ 29

Füße · dürfen · Süßigkeiten · Küche · Übergewicht · Gemüse · pünktlich · Frühstück

5 Schreibt andere Wörter mit Ü-Lauten.

Schlagt im Wörterbuch nach, wie die Wörter richtig gesprochen werden.

Das Modalverb *sollen*

	sollen
ich	**soll**
du	**sollst**
er, sie, es	**soll**
wir	sollen
ihr	sollt
sie, Sie	sollen

Das Verb *tun*

	tun
ich	tue
du	tust
er, sie, es	tut
wir	tun
ihr	tut
sie, Sie	tun

Imperativ

	~~du~~ kommst ☺	~~ihr~~ kommt ☺☺
kommen machen	Komm! Mach!	Kommt! Macht!
an|rufen auf|hören	Ruf … an! Hör … auf!	Ruft … an! Hört … auf!
organisieren notieren	Organisiere! Notiere!	Organisiert! Notiert!
nehmen sprechen schlafen fahren	Nimm! Sprich! Schlaf! Fahr!	Nehmt! Sprecht! Schlaft! Fahrt!
sein haben	Sei! Hab!	Seid! Habt!

Deine Beispiele

Meine Mutter sagt, ich soll ______

Mein Vater sagt, ich ______

Meine Lehrerin sagt, ich ______

Mein Freund sagt, ich ______

Was soll ich tun?

______

Mir ______ der Bauch weh.

Mark ______ die Zähne weh.

Und was ______ dir weh?

Was ______ du für deine Gesundheit?

Es ______ mir leid!

Was hast du heute zu ______ ?

- Wie kann ich mein Wochenende mit den Freunden interessant verbringen?
- Ruf alle Freunde an und organisiert ______

______

______

______

______

______

Das Verb *wissen*

	wissen
ich	**weiß**
du	**weißt**
er, sie, es	**weiß**
wir	wissen
ihr	wisst
sie, Sie	wissen

Die Präposition *seit*

- Seit wann hast du Kopfschmerzen?
- Seit zwei Tagen.

seit gestern
seit einer Woche / zwei Wochen
seit einem Monat / drei Monaten
seit einem Jahr / zehn Jahren

Sätze mit *wenn*

- Was machst du, **wenn** du erkältet **bist**?
- Ich trinke Tee mit Honig und Zitrone.
- Und **wenn** du Kopfschmerzen **hast**?
- **Wenn** ich Kopfschmerzen **habe**, mache ich einen Spaziergang.

Sätze mit *dass*

Ich weiß, **dass** Hanna viel Sport **treibt**.
Lena sagt, **dass** sie morgen um 6.00 Uhr **aufsteht**.
Fabian sagt, **dass** er mehr Sport machen **will**.
Mesut sagt, **dass** er seine Großeltern besucht **hat**.

Deine Beispiele

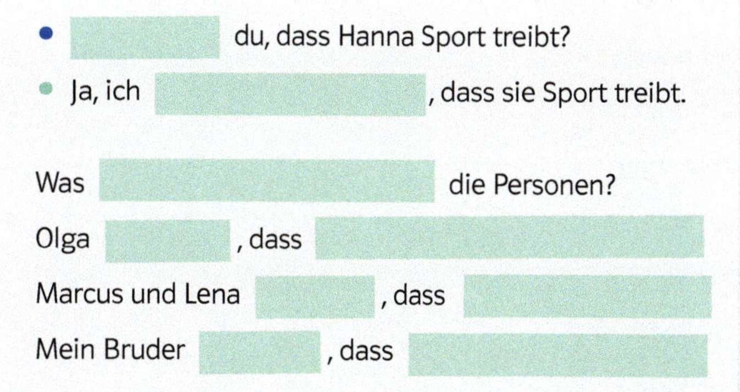
- ______ du, dass Hanna Sport treibt?
- Ja, ich ______, dass sie Sport treibt.

Was ______ die Personen?
Olga ______, dass ______
Marcus und Lena ______, dass ______
Mein Bruder ______, dass ______

- Seit wann ______?
- Seit gestern.
- Seit wann ______?
- Seit einem Jahr.
- Seit wann lernst du Englisch?
- ______

- Was machst du, wenn du krank zu Hause bist?
- Wenn ______

Ich freue mich,
dass ______
dass ______
dass ______

Wichtige Wörter

der Arm, -e

das Auge, -n

der Bauch, ¨-e

das Bein, -e

der Finger, -

der Fuß, ¨-e

der Hals, ¨-e

die Hand, ¨-e

das Knie, -

der Kopf, ¨-e

der Mund, ¨-er

die Nase, -n

das Ohr, -en

der Rücken, -

der Zahn, ¨-e

blass

erkältet

das Fieber

sich fühlen
Ich fühle mich nicht wohl.

die Grippe

heiß
Du bist heiß. Du hast Fieber.

der Husten
Ich habe Husten.

der Kopfschmerz, -en
Ich habe heftige Kopfschmerzen.

der Schmerz, -en

der Schnupfen
Ich habe seit gestern Schnupfen.

sollen
Soll ich zum Arzt gehen?

tun
Was soll ich tun?

(un)gesund

weh|tun
Was tut dir weh?

ab|nehmen

beraten

sich bewegen

Diät, -en

dick

sich ernähren
Ich ernähre mich gesund.

die Ernährung (Singular)

los|werden
Ich will einige Kilo loswerden.

die Süßigkeit, -en

das Übergewicht (Singular)

der Vegetarier, -

versuchen
Ich habe versucht abzunehmen.

verzichten

wiegen

das Antibiotikum, Antibiotika

der Hustensaft, ¨-e

die Nasentropfen (Plural)

die Tablette, -n

der Termin, -e
Ich habe einen Termin bei Doktor Möller.
Ich mache einen Termin bei Doktor Möller aus.

das Thermometer, -

untersuchen
Der Arzt untersucht den Patienten.

dagegen
Bist du dagegen oder dafür?

fett
Ich esse keine fetten Speisen.

los
Was ist mit dir los?

mager
Ich esse nur mageres Fleisch.

matt
Ich fühle mich so matt.

Landeskunde

1 Welches Foto passt zu welchem Gericht?

Traditionell, aber vegetarisch

Was fällt dir ein, wenn du an traditionelle deutsche Küche denkst? Sauerbraten, Schweinshaxe, Rinderrouladen und Currywurst? Daran denken die meisten. Kaum bekannt ist, dass es in Deutschlands Regionen auch viele traditionelle vegetarische Gerichte gibt. Und sie schmecken auch noch richtig gut. Hier sind ein paar von ihnen.

1 ☐ Maultaschen

Zutaten: Spinat, Lauch, Zwiebeln, Brötchen, Frischkäse, Schnittlauch, Petersilie, Salz und Pfeffer für die Füllung; Mehl, Eier, Wasser und Salz für den Teig
Passt gut zu: Kartoffelsalat oder in eine Suppe
Schmeckt: allen, die Ravioli, Baozi, Empanadas oder Pirrogen lieben

2 ☐ Grüne Soße

Zutaten: 7 grüne Kräuter, u. a. Kresse, Petersilie, Schnittlauch, und dazu saure Sahne, Naturjoghurt, Senf, Salz
Passt gut zu: Kartoffeln und Eiern
Schmeckt: im Sommer

3 ☐ Kartoffelsalat

Zutaten: viele Kartoffeln, ganz viel Mayonnaise, Zwiebeln, Gurken, etwas Senf und was sonst gerade da ist
Passt gut zu: allem :-)
Schmeckt: bei Geburtstagen und Grillfesten

A

B

C

Projektecke Guten Appetit!

Arbeitet in Gruppen. Sammelt Gerichte aus den deutschsprachigen Ländern, die ihr schon mal gegessen oder von denen ihr gehört habt. Stellt sie dann vor.

Currywurst ist eine Spezialität aus Hamburg und Berlin. Das ist eine Wurst mit scharfer Currysoße und Ketchup. Ich habe das schon probiert, aber es schmeckt…

ZWISCHENSTOPP 14

1 Welche Anzeige passt zu welcher Person? Ordne zu. > LESEN

1. Andreas ist Vegetarier, hat aber Angst, dass das ungesund ist.
2. Mareike möchte gern weniger wiegen, aber es soll nicht ungesund sein.
3. Katharina macht zu wenig Sport, was sie stört und was sie ändern will.
4. Lukas isst zu viele Süßigkeiten und will damit aufhören.
5. Anne-Katrin ist oft krank und beim Arzt. Das gefällt ihr nicht.

Projektwoche „Gesunde Schule“

a. Bewegung ist gesund: Nichts macht mehr Spaß als Sport. Man wird seltener krank, ist fit und trifft seine Freunde. Ob Fußball, Turnen oder Schwimmen – wir machen alles. Saal E-01 (Turnhalle)

b. Gesund bleiben: Die meisten Menschen reagieren erst, wenn sie krank sind. Aber es ist doch viel besser, gar nicht krank zu werden. Deswegen diskutieren wir über verschiedene Möglichkeiten, um gesund zu bleiben. Saal 2-07

c. Ernährung ohne Fleisch, aber gesund: Wer kein Fleisch isst, lebt nicht automatisch gesünder. Wir zeigen euch, was man essen sollte, um auch ohne Fleisch stark, gesund und fit zu sein. Saal E-12

d. Unbekannte Süchte: Computerspiele, Zucker, Arbeit, Sport. Vieles kann süchtig machen. Bei unserem Projekt lernen wir, wie man damit aufhört. Saal 2-21

e. Abnehmen, aber gesund: Viele Diäten sind nicht gut für den Körper. Vielleicht nimmt man ab, aber das ist nicht allein wichtig. Wir werden lernen, unsere Ernährung zu ändern und so gesund abzunehmen. Saal E-14

2 Lies die Anzeige und schreib eine E-Mail an Georg. > SCHREIBEN

Wer möchte mit mir jeden Nachmittag joggen gehen? Ich wohne in Freiburg. Allein Laufen macht aber keinen Spaß. Hast du Lust, mit mir für den Minimarathon im August zu trainieren? Schreib mir!
georg@free.de

A. Stell dich vor: Wie heißt du, wo wohnst du und was sind deine Hobbys?
B. Informiere Georg, dass du nur zweimal die Woche nachmittags joggen kannst.
C. Schlage einen Treffpunkt mit Georg vor: wann und wo?
D. Bitte Georg um eine schnelle Antwort.

Betreff

Hallo, Georg,
ich habe deine Anzeige gelesen und

3 Richtig (R) oder falsch (F)? Hör drei kurze Texte und kreuze an. > HÖREN ▶ 30

Stellungnahme 1

	R	F
hatte früher keine gute Kondition.		
raucht nicht mehr.		

Stellungnahme 2

	R	F
hat schon eine Diät gemacht und geht regelmäßig ins Fitnessstudio.		
ist Nichtraucherin.		

Stellungnahme 3

	R	F
treibt regelmäßig Sport.		
sieht jünger aus, als er ist.		

4 Wähle eine Karte aus und erzähle. > SPRECHEN

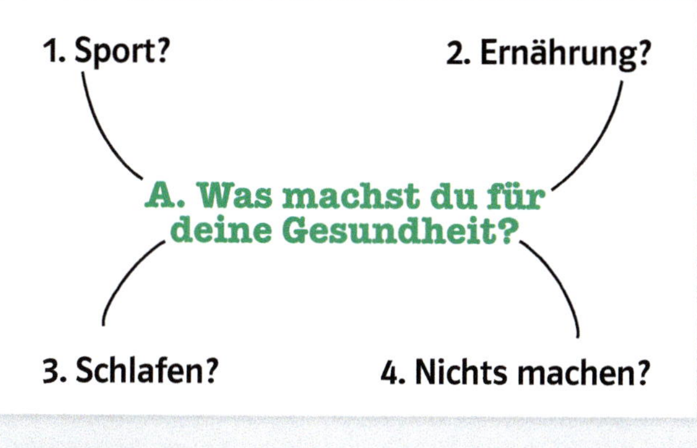

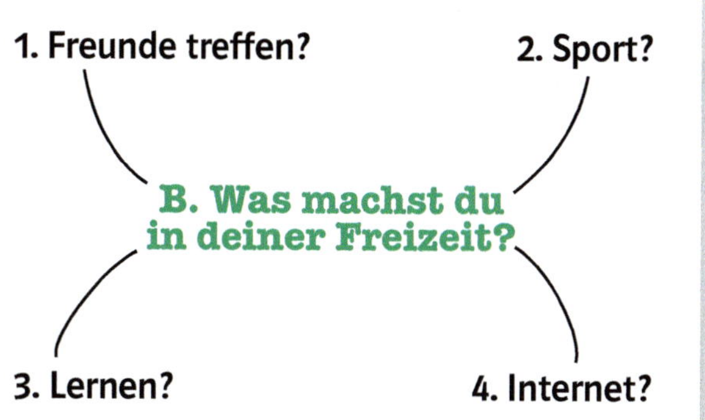

VIDEOSTATION 6
FABIAN BEIM ARZT

1 Sieh dir den ersten Videoteil an und beantworte die Fragen. > FILM 6

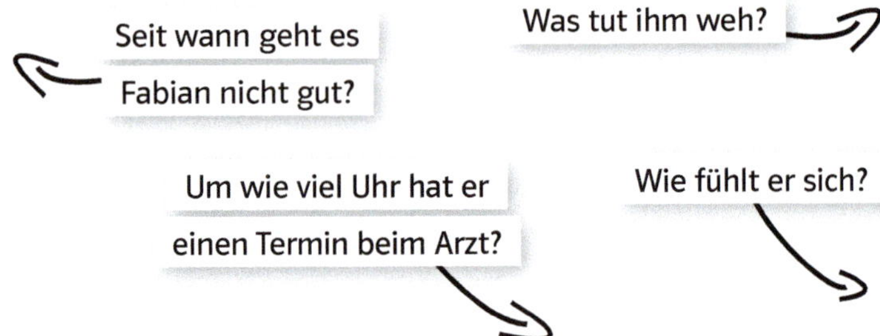

2 Sieh dir den Film an und ordne zu. > FILM 6

Was sagt Doktor Hansen in diesen Situationen?

1. ☐ Mach doch einmal deinen Ärmel hoch.
2. ☐ Ich schreibe dir Medizin auf.
3. ☐ Mach einmal deinen Oberkörper frei.
4. ☐ Einmal tief einatmen … und langsam ausatmen.

A

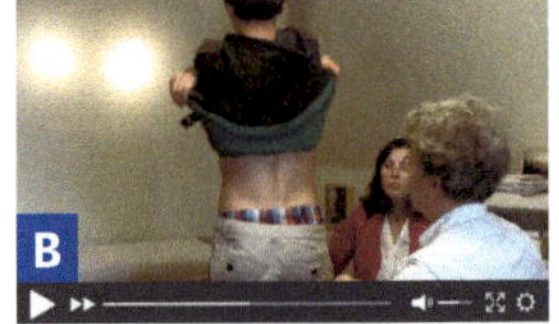
B

C

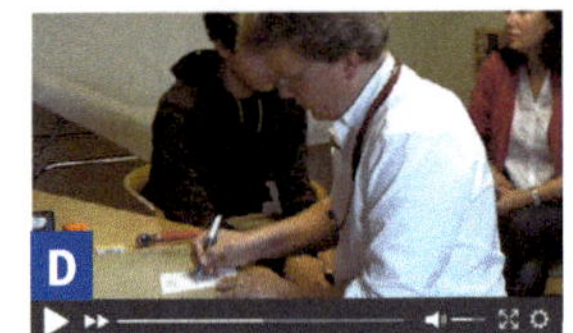
D

3 Frau Hartmann, Doktor Hansen oder Fabian? Lies die Sätze und ergänze die Personen. Dann sieh dir den Film noch einmal an und kontrolliere. > FILM 6

		Wer sagt das?	Zu wem?
1.	Nehmen Sie Platz!		
2.	Was ist los mit mir?		
3.	Das ist nichts Schlimmes.		
4.	Ach du meine Güte!		
5.	Was kann ich tun?		
6.	Das kommt gar nicht in Frage!		
7.	Sie melden sich in drei Tagen wieder.		
8.	Gute Besserung! Und pass gut auf dich auf!		

4 Frage und Antwort. Ordne zu.

1. ▢ Was tut dir weh?
2. ▢ Hast du Fieber?
3. ▢ Was soll ich tun?
4. ▢ Soll ich Medikamente nehmen?
5. ▢ Darf ich mit Papa ins Stadion gehen?

a. Das kommt gar nicht in Frage!
b. Du musst drei Tage im Bett bleiben.
c. Ja, hier ist das Rezept.
d. Ja, 38,2 Grad.
e. Der Kopf tut mir weh.

5 Wie geht der Satz weiter? Verbinde.

1. ▢ Fabian geht
2. ▢ Fabian fühlt sich
3. ▢ Fabian hat
4. ▢ Fabian braucht
5. ▢ Fabian muss
6. ▢ Doktor Hansen verschreibt

a. eine leichte Bronchitis.
b. drei Tage im Bett bleiben.
c. nicht wohl.
d. absolute Bettruhe.
e. Fabian Medikamente.
f. mit seiner Mutter zum Arzt.

6 Ergänze den Text.

Kopfschmerzen • Arzt • im Bett • Bettruhe • Fieber • ins Stadion • Bronchitis • wohl • untersucht • Medikamente

Fabian geht heute zum ______. Er fühlt sich nicht ______, hat ______ und ______. Doktor Hansen ______ Fabian. Die Diagnose lautet: ______ Fabian braucht ______. Er muss drei Tage ______ bleiben und ______ nehmen. Fabian darf also am Wochenende nicht ______ gehen.

7 Wer kann am schnellsten die Fragen beantworten?

1. Wie viele Personen sind im Wartezimmer?
2. Was liegt auf dem Tisch im Wartezimmer?
3. Wie viele Personen tragen Brille? Wer ist das?

Bist du scharfsinnig?

A Wann hast du Geburtstag?

1 Hör zu und ordne den Dialog. > HÖREN ▶ 31

- [ ] Was? Heute ist der 5. (fünfte) April?
- [ ] Du, Lena, den Wievielten haben wir heute?
- [ ] Dann ist morgen der 6. (sechste) April!
- [ ] Bravo!
- [ ] Heute ist der 5. (fünfte) April. Warum fragst du das?
- [ ] Hast du es vergessen? Morgen hat Mutti Geburtstag.
- [ ] Ja. Und?
- [ ] Ja, du hast Recht. Sie hat am 6. (sechsten) April Geburtstag. Und was machen wir jetzt?

2 Bildet Dialoge. > SPRECHEN

Oma Dagmar	Tante Beate	Olga	Michael	Elke	Opa Franz
16./17. November	**21./22. Juni**	**7./8. Februar**	**12./13. Oktober**	**10./11. Mai**	**3./4. August**

- Den Wievielten haben wir heute?
- Heute ist der 16. (sechzehnte) November.
- Dann ist morgen der 17. (siebzehnte) November.
- Ja. Und?
- Am 17. (siebzehnten) November hat Oma Dagmar Geburtstag.

Grammatik

Heute ist **der** 5. (fünf**te**) April.
Heute haben wir **den** (fünf**ten**) April.
Ich habe **am** 5. (fünf**ten**) April Geburtstag.

3 Wer hat wann Geburtstag? Hör zu und kreuze an. > HÖREN 32

	28. April	10. Januar	12. Mai	2. August	9. September	30. Juli
Hanna						
Mesut						
Fabian						
Julia						
Herr Schröder						
Frau Richter						

4 Ich frage, du antwortest … Bildet Dialoge. > SPRECHEN

- Wann hat Julia Geburtstag?
- Sie hat am … Geburtstag.

- Wer hat am 9. (neunten) September Geburtstag? Hanna?
- Nein, sie hat nicht am 9. (neunten) September Geburtstag, sondern am …

5 Wie alt wirst du? Bildet Dialoge. > SPRECHEN

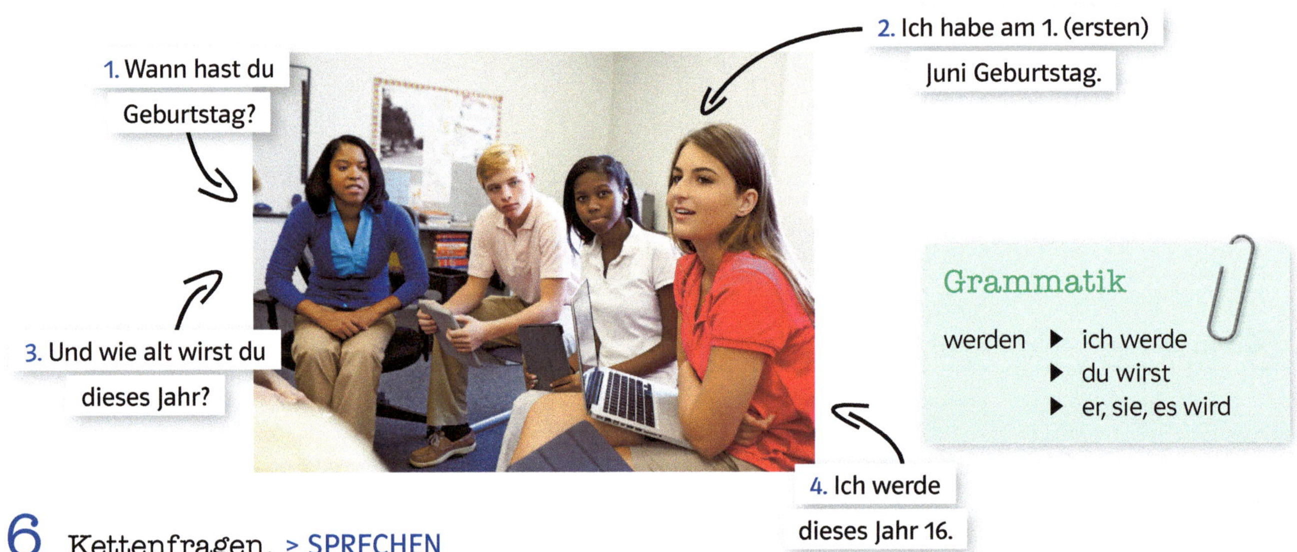

Grammatik

werden ▸ ich werde
▸ du wirst
▸ er, sie, es wird

6 Kettenfragen. > SPRECHEN

Wie alt wird deine Freundin dieses Jahr? ▸ Meine Freundin wird 16. Und wie alt wird dein Opa dieses Jahr? ▸ Er wird 71. Und wie alt …

7 Kettenfragen. > SPRECHEN

Steinbock 22. Dezember – 20. Januar

Wassermann 21. Januar – 18. Februar

Fische 19. Februar – 20. März

Widder 21. März – 20. April

Stier 21. April – 20. Mai

Zwillinge 21. Mai – 21. Juni

Krebs 22. Juni – 22. Juli

Löwe 23. Juli – 23. August

Jungfrau 24. August – 21. September

Waage 22. September – 23. Oktober

Skorpion 24. Oktober – 22. November

Schütze 23. November – 21. Dezember

Welches Sternzeichen bist du? ▸ Ich bin am 8. Juli geboren. Ich bin also Krebs. Welches Sternzeichen bist du? ▸ Ich bin …

8 Lies die Texte und bilde dann Sätze. > LESEN

Wie feierst du deinen Geburtstag?

Ich habe vor, dieses Jahr meinen Geburtstag in einem Lokal zu feiern. Ich habe mir schon ein nettes Café ausgesucht: Dort gibt es ein Frühstücksbüfett mit Kaffee, Tee oder Kakao. Dazu frische Brötchen und Croissants. Das Ganze kostet € 6,50 pro Person.

Ich möchte eine kleine Grillparty mit Wurst, Frikadellen, Salaten, alkoholfreien Getränken und Kuchen geben. Im Stadtpark gibt es eine Grillstelle. Dann machen wir Spiele, hören Musik (eine Freundin bringt ihre Gitarre mit) … und die Party läuft!

Ich gehe mit zehn Leuten zum Chinesen und danach gehen wir alle in die Disco. Vorher treffen wir uns bei mir zu Hause, essen etwas, quatschen … also, keine große Party. Die habe ich letztes Jahr organisiert, war ein großer Stress. Es waren einfach zu viele Leute da.

Ich will dieses Jahr etwas Besonderes machen, nicht einfach Kuchen zu Hause essen. Ich lade also meine Freunde ins Bowlingcenter ein! Wir spielen den ganzen Nachmittag zusammen. Dazu gibt es freie Getränke und Snacks für alle. Anschließend gehen wir Eis essen.

Julia	geht	seine Freunde	im Stadtpark.
Mesut	lädt	ihre Freunde	Eis essen.
Hanna	frühstückt	eine Grillparty	in einem Café.
Fabian	gibt	mit seinen Freunden	in die Disco.
		mit ihren Freunden	ins chinesische Restaurant.
			zum Frühstück ein.
			ins Bowlingcenter ein.

Julia lädt ihre Freunde zum Frühstück ein.

9 Zur Kontrolle. Hör zu und lies mit. > HÖREN 33

10 Erzähle. > SPRECHEN

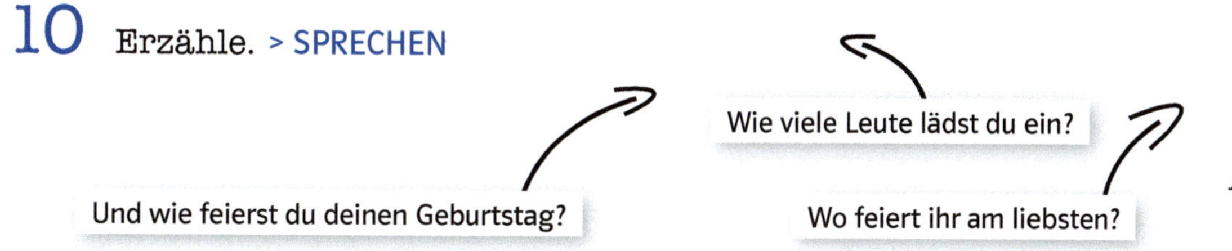

B Was schenken wir Mutti?

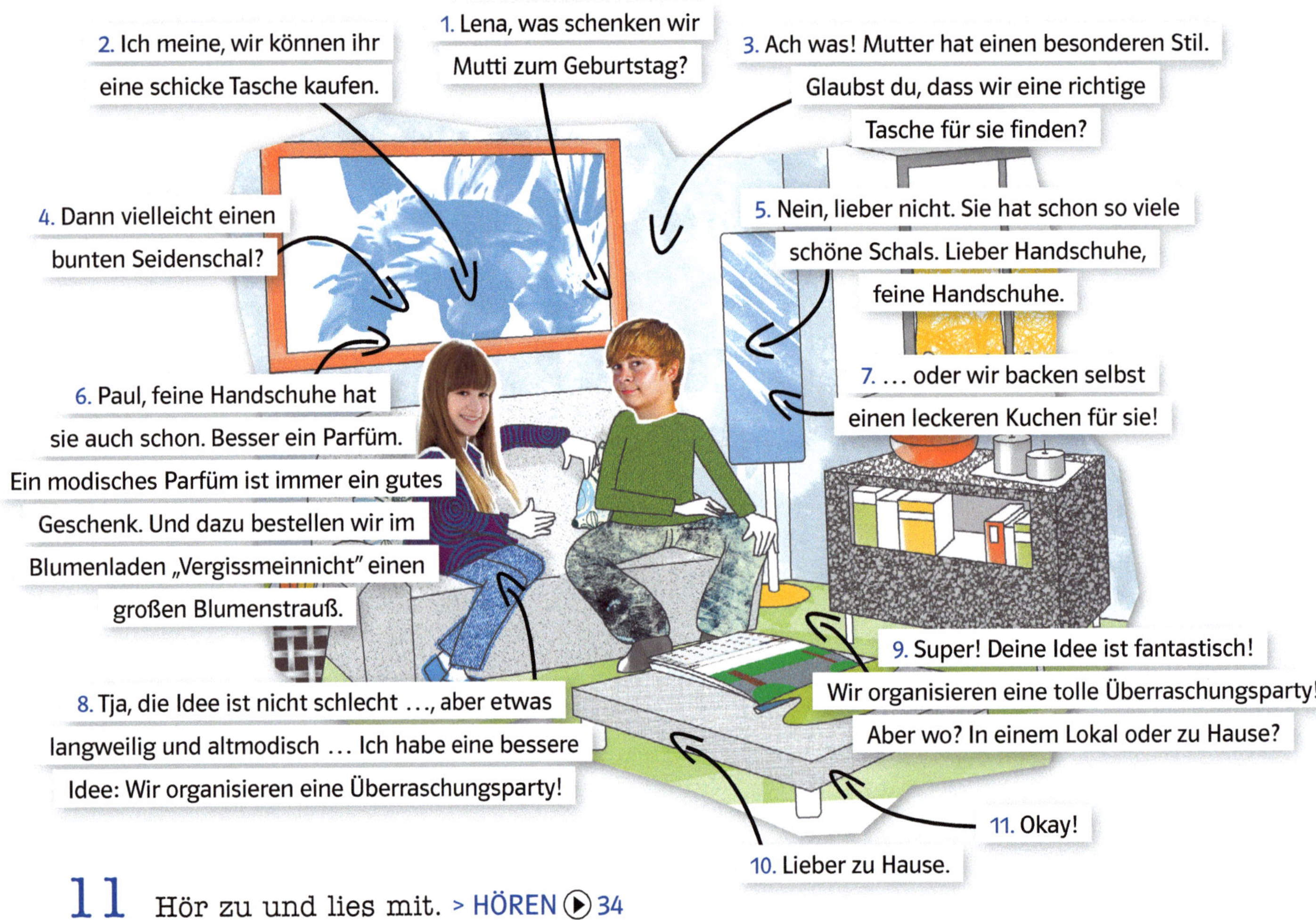

11 Hör zu und lies mit. > HÖREN 34

12 Ergänze. > WORTSCHATZ

Paul meint:

Mutter hat einen ______ Stil. Wir finden keine ______ Tasche für sie. Mutter hat schon viele ______ Schals. ______ Handschuhe sind ein ______ Geschenk. Wir backen einen ______ Kuchen für sie. Eine ______ Überraschungs-party ist eine fantastische Idee.

Lena möchte:

eine ______ Tasche, einen ______ Schal oder ein ______ Parfüm kaufen, einen ______ Blumenstrauß bestellen und eine ______ Überraschungs-party organisieren.

13 Bildet Dialoge. > SPRECHEN

- Was können wir Oma schenken?
- Ein schöner Schal ist ein gutes Geschenk.
- Ja, stimmt! Kaufen wir einen schönen Schal!

Tante Erika / ein modisches Parfüm
Tina / bunte Handschuhe
Markus / ein lustiges T-Shirt
Onkel Fritz / ein leckerer Kuchen
Opa / ein warmer Pullover

Grammatik

Nominativ	Akkusativ
ein schöner Schal	einen schönen Schal
eine richtige Tasche	eine richtige Tasche
ein tolles Parfüm	ein tolles Parfüm
bunte Handschuhe	bunte Handschuhe

14 Kettenfragen. > SPRECHEN

Ich möchte ein interessantes Buch bekommen. Und du? Was wünschst du dir zum Geburtstag? ▶ Ich möchte …

15 Ich frage, du antwortest … Bildet Dialoge. > SPRECHEN

- Für wen ist das Parfüm? Für Tina?
- Nein, nicht für Tina, sondern für Tante Erika.

16 Was antwortet Paul? > WORTSCHATZ

Paul und Lena wollen eine tolle Überraschungsparty organisieren.

• Soll ich ein leckeres Büfett organisieren?	• *Ja, organisiere ein leckeres Büfett!*
• Soll ich den Festsaal schmücken?	•
• Soll ich schöne Einladungskarten schreiben?	•
• Soll ich mit Vati darüber sprechen?	•
• Soll ich Tante Emma einladen?	•
• Soll ich die Getränke besorgen?	•
• Und was machst du, Paul?	•

AB-Übungen
14 – 22

C Das war eine tolle Überraschung!

Ach, es war ganz toll! Meine Kinder haben eine Überraschungsparty für mich organisiert. Und die Überraschung ist gut gelungen. Marius, mein Mann, hat mich um 16.30 Uhr vom Büro abgeholt und ins Café Einstein eingeladen. Wir haben einen Kaffee getrunken und er hat mir natürlich zum Geburtstag gratuliert. Danach hat er ein kleines Paket aus der Tasche geholt und es auf den Tisch gelegt. Ich war sehr neugierig und habe das Päckchen sofort aufgemacht. Drinnen war ein Paar Perlenohrringe!! Ich habe Marius geküsst und gedacht: „Was für ein schöner Geburtstag." Aber als wir zu Hause angekommen sind, habe ich sofort ein komisches Gefühl gehabt, denn es war alles zu und kein Licht hat gebrannt. Da habe ich mir gedacht: „Hier stimmt etwas nicht." Und tatsächlich: Als ich die Tür aufgemacht habe, hat jemand das Licht angemacht. Meine Kinder und viele Freunde waren da und haben alle zusammen „Happy Birthday" gesungen. Auf dem Tisch war eine riesige Geburtstagstorte. Und ein bunter Konfettiregen hat alles noch schöner gemacht …

17 Lies den Text und bilde Sätze. > LESEN

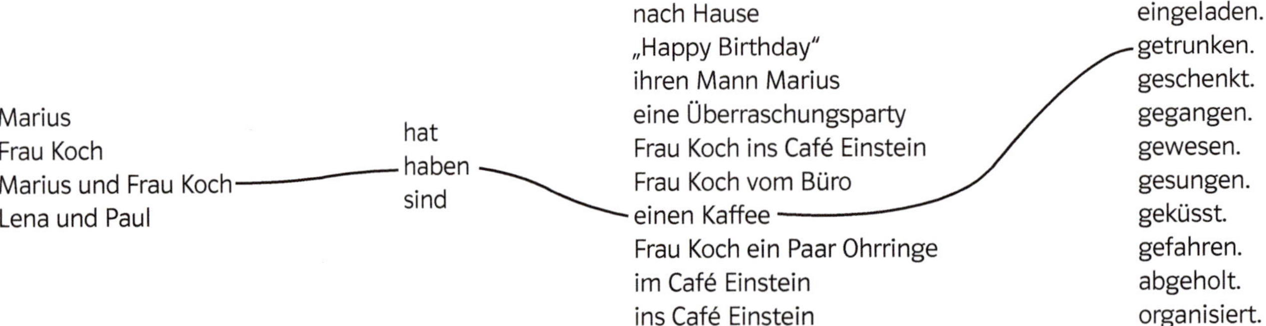

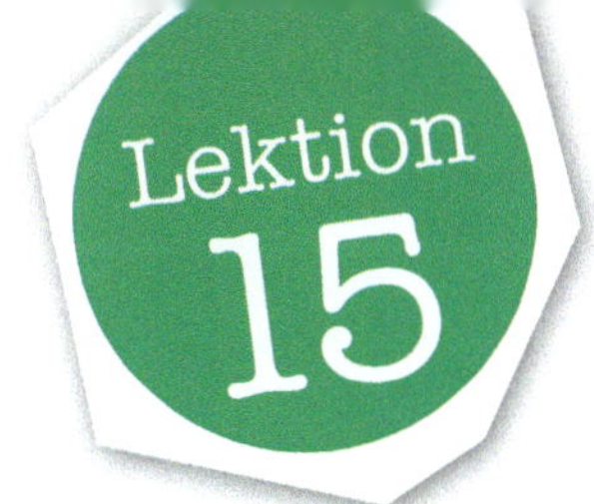

18 Ich frage, du antwortest … Bildet Dialoge. > SPRECHEN

- Hast du deinen letzten Geburtstag mit Freunden gefeiert?
- Natürlich habe ich meinen Geburtstag mit Freunden gefeiert!

eine leckere Geburtstagstorte backen
eine große Party geben
einen bekannten DJ engagieren
viele Leute einladen
ein schönes Lokal mieten
großen Spaß haben
gute Laune haben
mit Freunden in die Pizzeria gehen

19 Wie habt ihr euren Geburtstag gefeiert? Diskutiert in der Klasse. > SPRECHEN

Ich habe ein Lokal in der Stadt gemietet und …

Wir sind Pizza essen gegangen.

Meine Verwandten haben mich besucht.

Meine Freunde haben eine Überraschungsparty für mich organisiert.

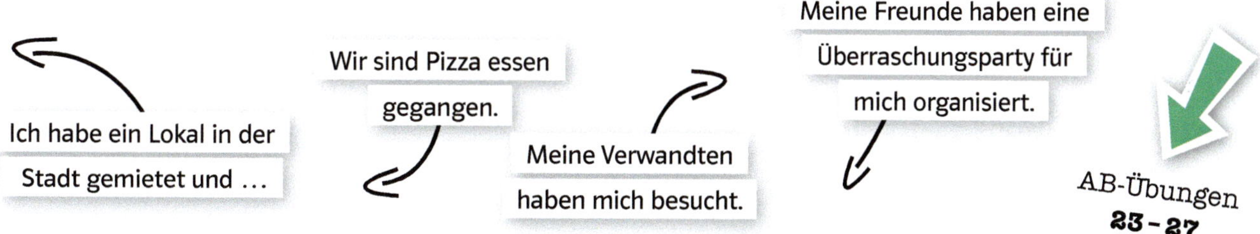

AB-Übungen 23 – 27

Phonetik

1 Hör die Wortgruppen. Achte auf ***sp*** und ***st***. > HÖREN 35

Eine Geburt**st**ag**sp**arty
am sech**st**en September
Früh**st**ück im Re**st**aurant
auf dem Lieblings**sp**latz sitzen
ein großer Blumen**st**rauß
keinen **St**ress haben
im **St**adtpark kö**st**liches Eis essen
Spiele machen und **Sp**aß haben
fanta**st**ische Musik hören

Was hörst du?

2 Schreib alle Wörter mit ***sp*** und ***st*** in die Tabelle. Sprich die Wörter laut.

[sp]	[st]	[ʃp] ▶ schp	[ʃt] ▶ scht

3 Wie möchtest du Geburtstag feiern? Sprich mit deinem Partner / deiner Partnerin.

Ich möchte im **St**adtpark Fußball **sp**ielen.

Ich will eine große Geburt**st**ag**sp**arty machen.

Lektion 15

GRAMMATIK SCHNELL & KLAR

Das Verb *werden*

	werden
ich	werde
du	**wirst**
er, sie, es	**wird**
wir	werden
ihr	werdet
sie, Sie	werden

Deine Beispiele

- Wie alt ______ die Zwillinge dieses Jahr?
- ______
- Wann bist du geboren? Wie alt ______ du dieses Jahr?
- Ich bin am ______
  Ich ______

Deklination der Adjektive

Singular

Nominativ		
maskulin	**feminin**	**neutral**
ein schön**er** Schal	eine schön**e** Tasche	ein schön**es** Geschenk
ein lecker**er** Kuchen	eine toll**e** Party	ein nett**es** Lokal
Akkusativ		
maskulin	**feminin**	**neutral**
einen schön**en** Schal	eine schön**e** Tasche	ein schön**es** Geschenk
einen lecker**en** Kuchen	eine toll**e** Party	ein nett**es** Lokal

Plural

Nominativ
schön**e** Geschenke bunt**e** Handschuhe
Akkusativ
schön**e** Geschenke bunt**e** Handschuhe

ein schön___ Geburtstag
ein modisch___ Parfüm
ein nett___ Café
eine klein___ Grillparty
ein groß___ Erfolg
frei___ Getränke
lecker___ Snacks
ein interessant___ Buch
ein bunt___ Ball
eine toll___ Überraschung
eine groß___ Geburtstagstorte
Herzlich___ Glückwünsche!

Ich möchte … haben:
einen tollen ______
eine fantastische ______
ein modernes ______
einen ______
eine ______
ein ______

Ordinalzahlen

der 2. (= zwei + te) Mai
der 4. (= vier + te) Juli
der 5. (= fünf + te) April
...
der 19. (= neunzehn + te) Oktober

der 20. (= zwanzig + ste) November
der 21. (= einundzwanzig + ste) Januar
der 22. (= zweiundzwanzig + ste) Februar
...
der 30. (= dreißig + ste) März

Besondere Formen

der 1. (erste) Juni
der 3. (dritte) Februar
der 7. (siebte) August

Deine Beispiele

Montag, der 15.01.

Heute ist Montag, der fünfzehnte Januar.

Mittwoch, der 8.12.

_____

Dienstag, der 11.10.

_____

Donnerstag, der 21.03.

_____

Sonntag, der 06.09.

_____

Samstag, der 13.11.

_____

Datum

- Der Wievielte ist heute?
- Heute ist der 3. (dritte) November.

- Den Wievielten haben wir heute?
- Heute haben wir den 3. (dritten) November.

- Wann hat Mia Geburtstag?
- Mia hat am 8. (achten) März Geburtstag.

- Wann bist du geboren?
- Ich bin am 26. (sechsundzwanzigsten) Februar geboren.

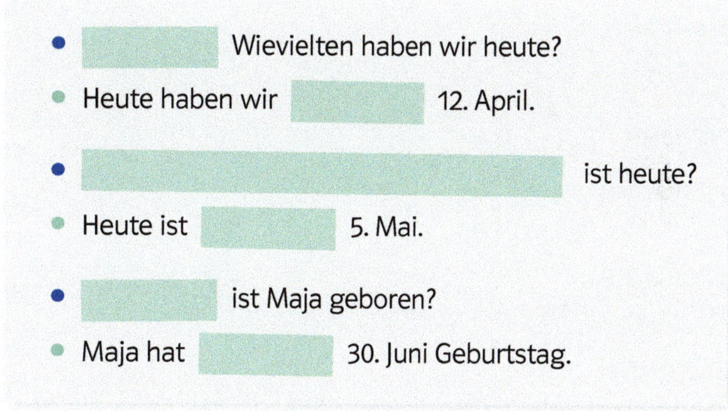

- _____ Wievielten haben wir heute?
- Heute haben wir _____ 12. April.

- _____ ist heute?
- Heute ist _____ 5. Mai.

- _____ ist Maja geboren?
- Maja hat _____ 30. Juni Geburtstag.

Imperativ

	du ☺	ihr ☺☺
schenken	Schenke!	Schenkt!
gratulieren	Gratuliere!	Gratuliert!
mieten	Miete!	Mietet!
besorgen	Besorge!	Besorgt!
schmücken	Schmücke!	Schmückt!
einladen	Lade ... ein!	Ladet ... ein!

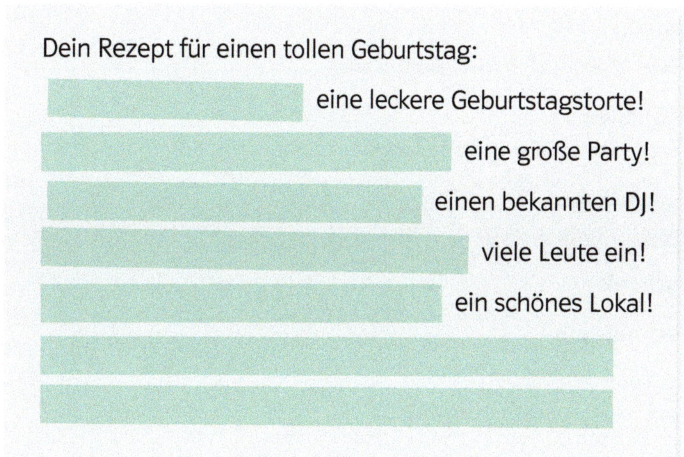

Dein Rezept für einen tollen Geburtstag:

_____ eine leckere Geburtstagstorte!
_____ eine große Party!
_____ einen bekannten DJ!
_____ viele Leute ein!
_____ ein schönes Lokal!
_____
_____

Wichtige Wörter

altmodisch

bunt

fantastisch

langweilig

neugierig
Ich war sehr neugierig.

schick

die Blume, -n

der Blumenstrauß, ¨-e

das Geschenk, -e

der Handschuh, -e

der Ohrring, -e

das Päckchen, -

das Parfüm, -e

der Schal, -s

die Tasche, -n

ab|holen

an|machen
Mach bitte das Licht an!

auf|machen
Ich habe das Päckchen sofort aufgemacht.

aus|suchen
Ich habe ein nettes Lokal ausgesucht.

ein|laden

engagieren
Ich möchte einen DJ engagieren.

feiern
Wie feierst du deinen Geburtstag?

gelingen
Die Überraschung ist gelungen.

gratulieren
Ich gratuliere dir zum Geburtstag.

schenken

schmücken

sorgen (für + Akk.)
Ich sorge für die Getränke.

statt|finden
Die Party findet bei mir im Garten statt.

vor|bereiten
Ich bereite ein leckeres Büfett vor.

vor|haben
Was hast du am Abend vor?

vor|schlagen
Was schlägst du vor?

werden
Ich werde dieses Jahr 16.

die Einladungskarte, -n
Soll ich die Einladungskarten schreiben?

der Erfolg, -e
Die Party war kein großer Erfolg.

der Gast, ¨-e

das Gefühl, -e
Ich hatte ein komisches Gefühl.

der Geburtstag, -e
Alles Gute zum Geburtstag!

das Konfetti (Singular)

der Konfettiregen, -

das Licht, -er
Kannst du bitte das Licht anmachen?

die Überraschung, -en

das Sternzeichen, -
Welches Sternzeichen bist du?

anschließend
Anschließend gehen wir Eis essen.

drinnen
Was ist drinnen?

das Recht (Singular)
Du hast Recht.

stimmen
Hier stimmt etwas nicht.

vorher
Vorher treffen wir uns zu Hause.

zu
Es war alles zu.

Landeskunde

1 Lies die Beiträge und ordne zu.

Hilfe! Wir brauchen dringend ein typisch deutsches Geschenk.

Hallo in die Runde,
wir haben ein großes Problem. Wir sind Schüler einer elften Klasse. Ein Jahr lang hat ein amerikanischer Austauschschüler Ian mit uns gelernt. Nun geht er zurück in die USA und wir wollen ihm ein typisch deutsches Geschenk mitgeben. Aber was nur? Wir haben keine gute Idee. Wir freuen uns über jeden Vorschlag! Danke! :-)
Karen

AW Ein Amerikaner? Wie wäre es denn mit einer Kuckucksuhr oder einem Gartenzwerg? Schenkt ihm das. Amerikaner lieben doch solche Sachen. ;-) Martin

AW An so etwas wie Kuckucksuhr oder Gartenzwerg haben wir auch schon gedacht. Aber wir finden das zu kitschig und traditionell. Keine anderen Ideen? Karen

AW Ihr kennt ihn doch am besten. Macht doch etwas Persönliches. Ein Fotoalbum vielleicht, mit allen gemeinsamen Fotos vom letzten Jahr. :-) Caterina

AW Wow! Das ist eine super Idee. Morgen sehe ich meine Klassenkameraden, dann werde ich ihnen das vorschlagen. Karen

AW Und ihr könnt ihn zu einer Abschiedsparty in Deutschland einladen. Mit deutschem Essen, deutschen Getränken und deutscher Musik. Wie wäre es damit? Stefan

AW Warum nicht alles zusammen? Die Abschiedsparty, ein Fotoalbum und dazu noch einen Gartenzwerg. ;-) Martin

AW Ich habe mit meinen Klassenkameraden gesprochen. Wir machen alles. Ja, wir geben Ian auch den Gartenzwerg. :-)) Danke an alle für eure Vorschläge! Karen

1. ☐ Martin	**a.** sucht nach einem passenden Abschiedsgeschenk für Ian.
2. ☐ Caterina	**b.** hält eine Party für die beste Geschenkidee.
3. ☐ Karen	**c.** findet ein persönliches Geschenk am besten.
4. ☐ Stefan	**d.** schlägt einen Gartenzwerg als Geschenk vor.

Projektecke Was feiert man in Deutschland?

Arbeitet in Gruppen. Sucht im Internet die bekanntesten Fest- und Feiertage und macht einen Kalender. Präsentiert ihn in der Klasse. Die Gruppe, die die meisten Feste gefunden hat, gewinnt.

ZWISCHENSTOPP 15

1 Richtig (R) oder falsch (F)? Lies und kreuze an. > LESEN

Geburtstagsfeier im Altenheim

Ein Plakat hängt am Eingang des Altenheims „Villa Nova" in dem Tiroler Städtchen Schwaz. „Herzliche Glückwünsche, Elisabeth!", steht darauf. Elisabeth Riefler wird 108 Jahre alt und ist somit die älteste Tirolerin. Im großen Saal des Altenheims hat die Direktion ein kleines Fest organisiert. Viele Leute sind gekommen, um Elisabeth am Vormittag zu gratulieren: der Bürgermeister und andere Politiker, Journalisten und Leute aus Schwaz. Doch das ist nicht die einzige Feier an diesem Tag. Am meisten freut sich Elisabeth auf den Besuch ihrer ganzen Familie – ihre zwei Söhne, ihre sieben Enkelkinder, die neun Urenkelkinder und die zwei Ururenkelkinder kommen am Nachmittag. Denn Elisabeth Riefler ist Mutter, Großmutter, Uroma und Ururoma! Ihr Enkelsohn Klaus erzählt uns: „Elisabeth hat ein ganzes Jahrhundert erlebt. Als sie geboren wurde, war Österreich noch eine Monarchie und der Kaiser hieß Franz Joseph." Von ihrem Sohn Johann hören wir: „Unsere Mutter war ihr ganzes Leben lang positiv. Man sollte jeden Tag mit einem Lächeln beginnen, sagt sie immer." Wir fragen ihre Urenkeltochter Maria nach ihrer Meinung: „Uroma Eli ist noch immer eine energische Frau und sehr fit für ihr Alter." Ihr Cousin Bruno sagt: „Nur das Laufen bereitet ihr Probleme. Deshalb sitzt sie die meiste Zeit im Rollstuhl." Zum Abschluss soll natürlich Elisabeth selbst zu Wort kommen und uns das Geheimnis ihres langen Lebens verraten: „Immer humorvoll sein, viel lachen und viel arbeiten. Nicht rauchen und viel Milch trinken."

	R	F
1. Frau Riefler kommt aus Deutschland.		
2. Die Geburtstagsfeiern finden im Altenheim „Villa Nova" statt.		
3. Der Bürgermeister von Schwaz gratuliert Frau Riefler persönlich.		
4. Frau Riefler hat Franz Joseph persönlich kennen gelernt.		
5. Frau Riefler fängt ihren Tag lächelnd an.		
6. Frau Riefler ist so alt geworden, weil sie nicht geraucht und viel Milch getrunken hat.		

2 Interviews. Hör zu und sammle Informationen. > HÖREN ▶ 36

	Alex	Herr Wickert	Melanie
Wer feiert?			
Was feiert er / sie?			
Wie feiert er / sie?			

3 Antworte auf die E-Mail von Tanja. > SCHREIBEN

Betreff Einladung

Liebe(r) ________________ ,

wie du weißt, habe ich am 22. Mai Geburtstag. Ich werde endlich 16! Ich gebe eine Party und möchte dich einladen. Lisa, Nicole und Felix kommen auch.
Die Party findet bei mir zu Hause im Garten statt – ich hoffe, es regnet nicht!
Wir beginnen um 15.00 Uhr. Komm aber bitte ein bisschen früher, so kannst du mir helfen.
Bring bitte deine Gitarre mit, dann können wir singen und tanzen. Und bring bitte auch etwas zum Trinken (z.B. eine Flasche Cola oder Apfelsaft) mit. Also, ich warte auf dich!

Tschüs
deine Tanja

Betreff AW: Einladung

Liebe Tanja,

ich habe gerade deine E-Mail gelesen und antworte dir sofort!

A. Gratuliere Tanja zum Geburtstag und danke ihr für die Einladung.
B. Drücke deine Freude aus, dass auch Felix eingeladen ist.
C. Informiere Tanja, was du mitbringst.
D. Frage Tanja, ob auch deine Freundin Rita mitkommen darf (sie spielt auch Gitarre, du kennst sie aus der Musikschule).

4 Wähle eine Karte aus und erzähle. > SPRECHEN

B. Wann ist eine Geburtstagsparty gut?

1. Gäste?
2. Musik?
3. Essen?
4. Ort?

Lektion 16

CHAOS, UNORDNUNG UND DIE FOLGEN …

A So ein Chaos!

1 Hör zu und lies mit. Dann beantworte die Fragen. > HÖREN 37

1. Welche Tageszeit ist jetzt?
2. Um wie viel Uhr kommen die Eltern zurück?
3. Was muss Michael machen?
4. Wen bittet Michael um Hilfe?

2 Diskutiert in der Klasse. > SPRECHEN

Was ist passiert?
Warum sieht das Wohnzimmer so chaotisch aus?
Wie reagieren die Eltern, wenn sie das Wohnzimmer sehen?

3 Was sagt Michael? Ergänze die Sätze. > WORTSCHATZ

Karaoke • zu viele • zu laut • nachts • die Polizei • Zumba

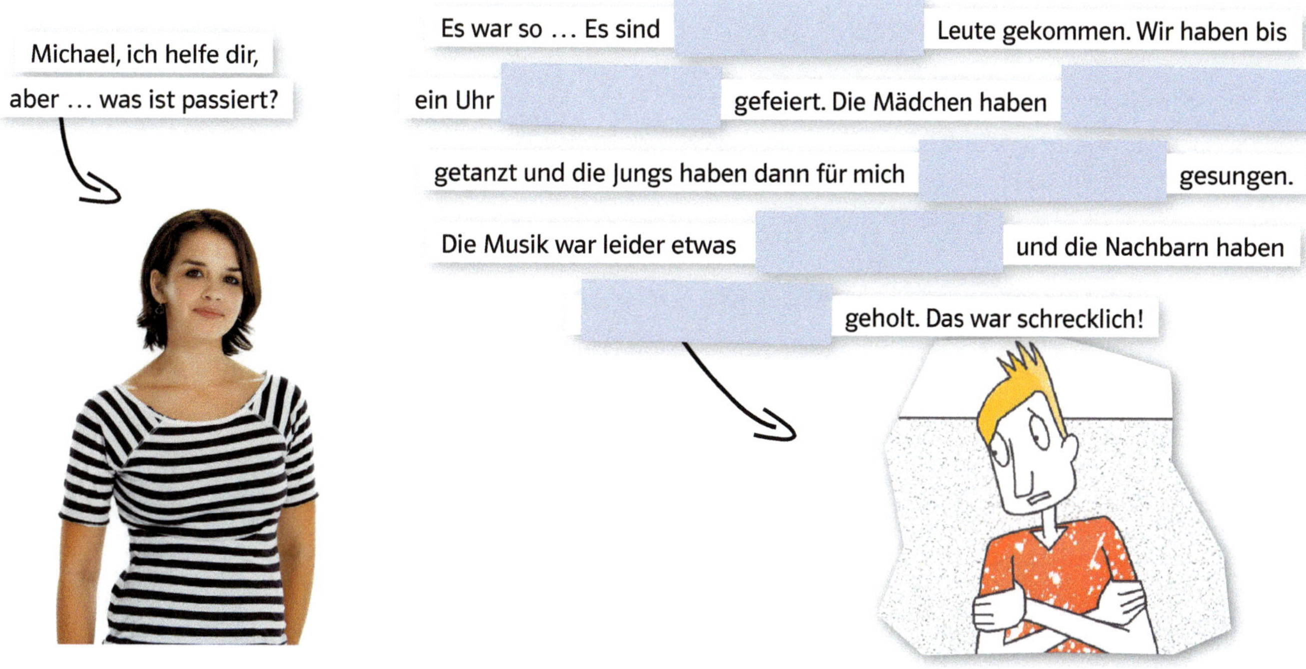

4 Sieh dir die Collage an und antworte. Ordne zu. > WORTSCHATZ

1. ☐ Wo sitzt Michael?
2. ☐ Wo steht das beschädigte Sofa?
3. ☐ Wo liegt der beschmierte Teppich?
4. ☐ Wo steht der neue CD-Player?
5. ☐ Wo liegt die kaputte Stehlampe?
6. ☐ Wo steht Olga?
7. ☐ Wo steht das zerbrochene Glas?
8. ☐ Wo hängt das interessante Poster?
9. ☐ Wo hängen die bunten Ballons?
10. ☐ Wo steht der kaputte Stuhl?
11. ☐ Wo liegt das dicke Wörterbuch?
12. ☐ Wo sitzt die kleine Katze?
13. ☐ Wo stehen die grünen Stühle?
14. ☐ Wo liegt das Mikrofon?

a. Vor dem Bücherregal.
b. In der Mitte des Zimmers.
c. Auf dem Fußboden, neben dem Bücherregal.
d. Auf dem Sofa.
e. Auf dem Stuhl.
f. Auf dem Fußboden, vor dem Sofa.
g. In der Tür.
h. An der Decke.
i. An der Wand links, über den Stühlen.
j. An der Wand links, unter dem Poster.
k. Zwischen dem Regal und dem Tisch.
l. Unter dem Bücherregal.
m. Zwischen dem Sofa und den Kissen.
n. Hinter dem Sofa.

5 Sieh dir die Collage an und ergänze die Sätze. > WORTSCHATZ

Vor dem Bücherregal liegt ___ . In der Mitte des Zimmers steht ___ . Auf dem Fußboden, neben dem Bücherregal, steht ___ . Auf dem Sofa sitzt ___ . Auf dem Stuhl steht ___ . Auf dem Fußboden, vor dem Sofa, liegt ___ . In der Tür steht ___ . An der Decke hängen ___ . An der Wand links, über den Stühlen, hängt ___ . An der Wand links, unter dem Poster, stehen ___ . Zwischen dem Regal und dem Tisch steht ___ . Unter dem Bücherregal liegt ___ . Zwischen dem Sofa und den Kissen liegt ___ . Hinter dem Sofa sitzt ___ .

Grammatik

Nominativ

der alte Sessel
die kaputt**e** Stehlampe
das dick**e** Wörterbuch

die bunt**en** Ballons

6 Vergleiche deine Lösung mit deinem Partner / deiner Partnerin. > WORTSCHATZ

7 Welches Verb passt? > WORTSCHATZ

sitzen • stehen • liegen • hängen

1. An der Decke ___ die bunten Ballons.
2. Michael ___ auf dem Sofa.
3. In der Mitte des Zimmers ___ das beschädigte Sofa.
4. Die graue Katze ___ hinter dem Sofa.
5. Das dicke Wörterbuch ___ unter dem Bücherregal.
6. Über den Stühlen ___ das interessante Poster.
7. Die kaputte Stehlampe ___ vor dem Bücherregal.
8. Auf dem Fußboden ___ der verschmutzte Teppich.
9. Olga ___ in der Tür.

Grammatik

Wo? ▸ Dativ

sitzen
stehen
liegen
hängen

8 Wo ist die Kugel? Ergänze die Präpositionen. > WORTSCHATZ

auf • unter • in • neben • hinter • an • vor • über • zwischen

1

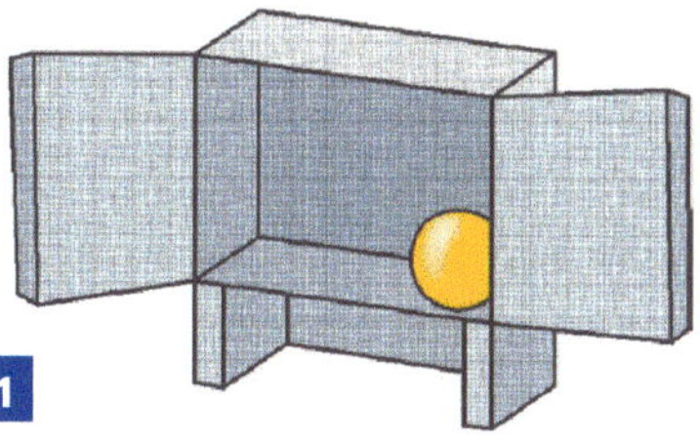

2

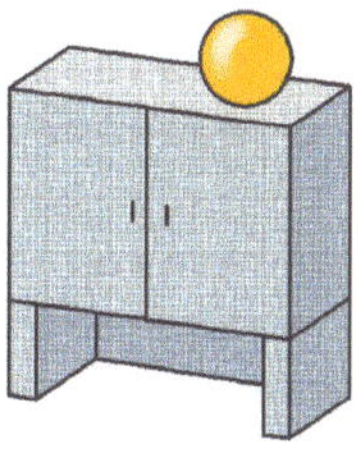

3

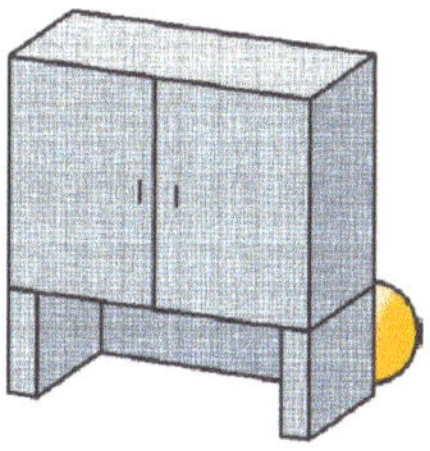

4

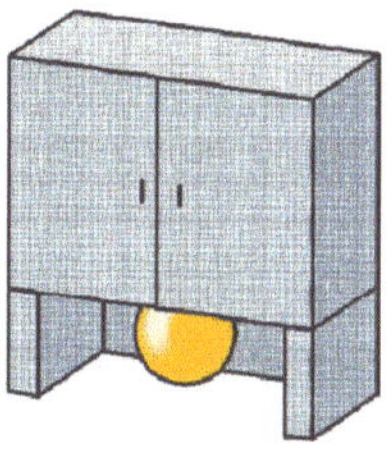

5

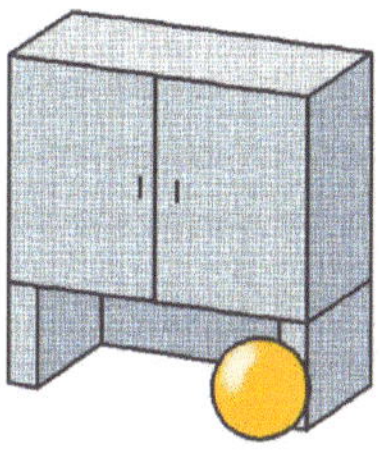

6

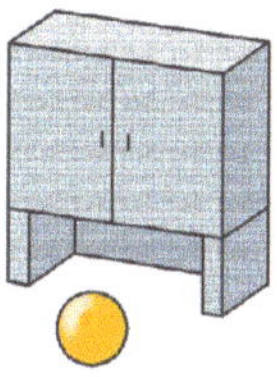

7

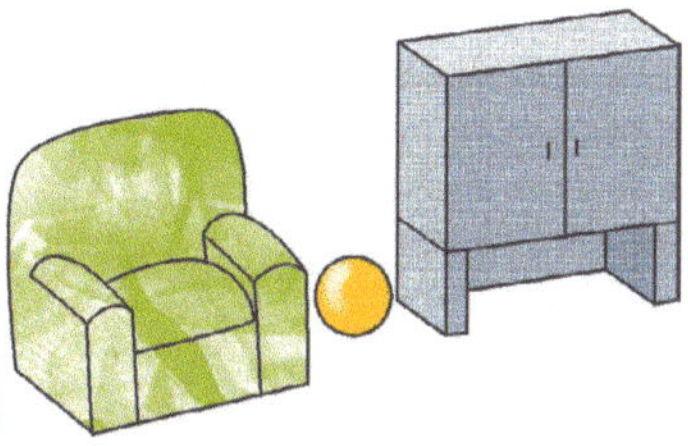

8

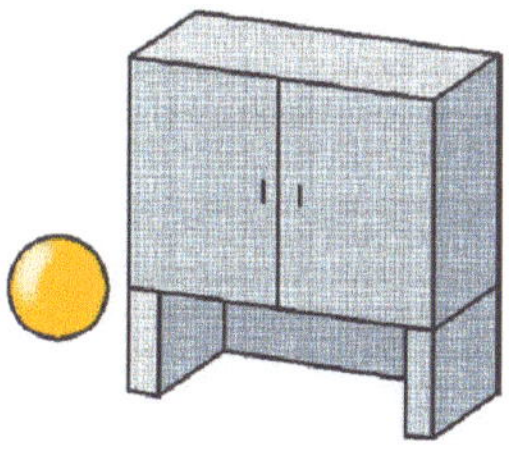

9

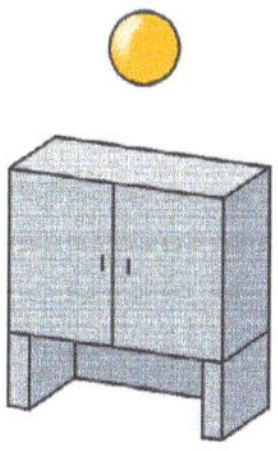

9 Ich frage, du antwortest … Bildet Dialoge. > SPRECHEN

- Wo ist die Kugel auf dem Bild 9?
- Auf dem Bild 9? Über dem Schrank!

10 Ich frage, du antwortest … Bildet Dialoge. > SPRECHEN

- Wo sitzt die Katze: hinter dem Sofa oder auf dem Tisch?
- Hinter dem Sofa!

- Steht Olga neben dem Sofa?
- Nein, sie steht in der Tür.

AB-Übungen
1 – 8

B Wir machen Ordnung!

11 Was macht Michael nach der Party? Beschrifte die Bilder. > WORTSCHATZ

Jetzt saugst du noch Staub, spülst das Geschirr und wischst den Fußboden. Vorher musst du jedoch das Zimmer lüften, die Abfälle sammeln und in die Mülltonne im Hof werfen …

Ich mache die Dekorationen weg.

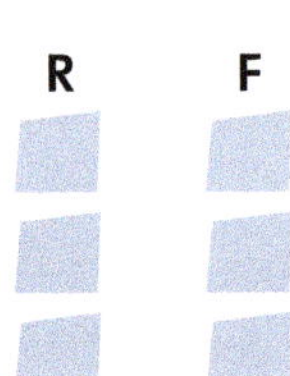

Bild 1: *Michael lüftet das Zimmer.*

Bild 2:

Bild 3:

Bild 4:

Bild 5:

12 Richtig (R) oder falsch (F)? Hör zu und kreuze an. > HÖREN 38

Wie hilft Michael seinem Vater?

	R	F
1. Michael repariert die kaputte Stehlampe.		
2. Michael wischt die Aufschrift von der Wand weg.		
3. Michael holt den Teppich von der Reinigung ab.		

13 Was macht der Vater? Lies die Sätze und ordne zu. > WORTSCHATZ

Grammatik

Wohin? ▶ Akkusativ

setzen
stellen
legen
hängen

1. ☐ Michaels Vater stellt die neue Stehlampe in die Ecke, neben das Sofa.
2. ☐ Michaels Vater legt den sauberen Teppich auf den Boden, in die Mitte des Zimmers.
3. ☐ Michaels Vater streicht die Wand neu und hängt ein schönes Bild an die Wand.
4. ☐ Michaels Vater stellt den Tisch auf den Teppich.
5. ☐ Michaels Vater setzt sich auf das reparierte Sofa.
6. ☐ Michaels Vater legt die neuen Zeitungen auf den Tisch.
7. ☐ Michaels Vater stellt das reparierte Sofa an die Wand, unter das Fenster.

Grammatik

Akkusativ

den alt**en** Sessel
die kaputt**e** Stehlampe
das dick**e** Wörterbuch

die bunt**en** Ballons

14 Zur Kontrolle. Hör zu und sprich nach. > HÖREN ▶ 39

15 Lies die Fragen und markiere die richtige Antwort. > WORTSCHATZ

1. Was stellt Michaels Vater neben das Sofa? ☐ Die neue oder ☐ die alte Stehlampe?
2. Was legt Michaels Vater auf den Tisch? ☐ Die alten oder ☐ die neuen Zeitungen?
3. Was legt Michaels Vater in die Mitte des Zimmers? ☐ Den sauberen oder ☐ den schmutzigen Teppich?
4. Was hängt Michaels Vater an die Wand? ☐ Das schöne oder ☐ das alte Bild?
5. Was stellt Michaels Vater an die Wand, unter das Fenster? ☐ Das kaputte oder ☐ das reparierte Sofa?

16 Der Vater, Michael oder Olga? Wer hat was gemacht? > WORTSCHATZ

1. ______ hat das beschädigte Sofa repariert.
2. ______ hat die Wand gewaschen.
3. Die Dekorationen hat ______ von der Decke abgemacht.
4. ______ hat das Zimmer gelüftet.
5. ______ hat sich nach der Arbeit auf das reparierte Sofa gesetzt.
6. Den sauberen Teppich hat ______ von der Reinigung abgeholt.

17 Was sagt die Mutter? Was sagt Michael? > SPRECHEN

das Sofa reparieren lassen / das Sofa beschädigt sein
neue Gläser kaufen / drei Gläser zerbrochen sein
die Wand neu streichen / die Wand beschmiert sein
neue Stehlampe kaufen / die Stehlampe kaputt sein
den Stuhl reparieren lassen / der Stuhl kaputt sein

18 Wie verschönern wir unser Klassenzimmer? > SPRECHEN

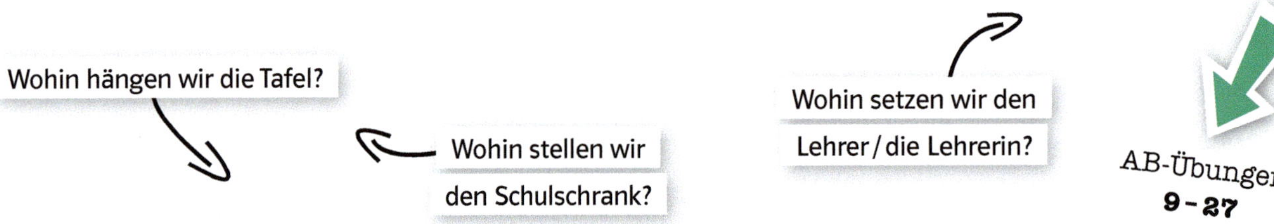

C Das Maß ist voll!

19 Richtig (R) oder falsch (F)? Hör das Gespräch und kreuze an. > HÖREN ▶ 40

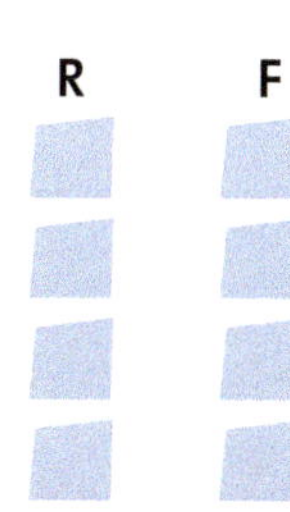

	R	F
1. Michael hat 10 Freunde eingeladen.		
2. Die Gäste haben die Polizei geholt.		
3. Michael hat gewusst, wann die Nachtruhe ist.		
4. Michael muss die neue Lampe von seinem Taschengeld bezahlen.		

20 Wer hat das gesagt? Ordne zu. > WORTSCHATZ

1. ☐ Aber warum gerade nach Mitternacht?
2. ☐ Sollte ich sie hinausbitten?
3. ☐ Und dann noch die Polizei um ein Uhr in unserem Haus!
4. ☐ Aber das Maß ist voll.
5. ☐ Wir haben nicht bemerkt, dass es so spät ist.
6. ☐ Das war das letzte Mal.
7. ☐ Du hast doch gesagt, du hast nur 10 Freunde eingeladen.

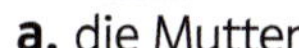
a. die Mutter

b. der Vater

c. Michael

21 Hör das Gespräch noch einmal und kontrolliere. > HÖREN ▶ 41

22 Diskutiert in der Klasse. > SPRECHEN

Ist die Strafe gerecht?

Was meinst du? Hat Michaels Vater Recht?

23 Kommentiere die Statistik. > SPRECHEN

Worüber streiten sich Kinder mit ihren Eltern?

Ausgehen	79 %	Hausaufgaben	47 %
Schule	74 %	Taschengeld	36 %
Freund / Freundin	64 %	Klamotten	33 %
Aufräumen	55 %		

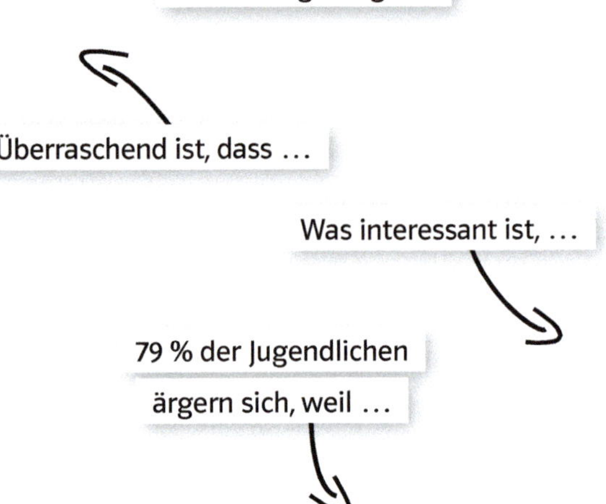

24 Wie ist es bei dir zu Hause? Diskutiert in der Klasse. > SPRECHEN

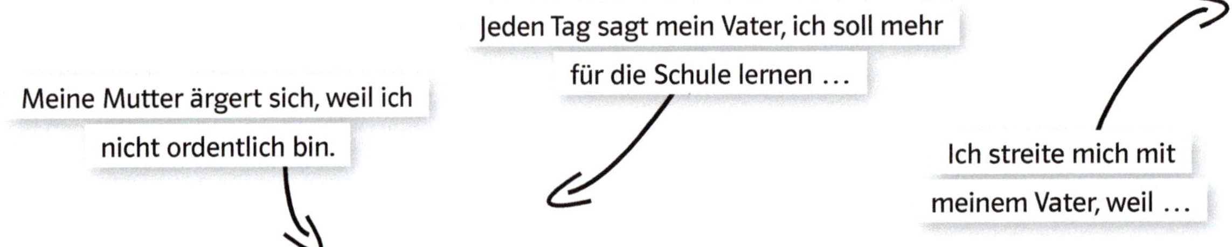

25 Lies den Text und beantworte dann die Fragen. > LESEN

Mein Zimmer ist schön aufgeräumt, aber nicht, weil ich ein ordentlicher Typ bin, sondern weil meine liebe Mutter aufräumt, wenn ich nicht da bin. Ich lasse oft meine Bücher, Jeans oder Gläser auf dem Boden. Wenn ich zurückkomme, stehen die Bücher gerade auf dem Regal, die Jeans hängt in der Garderobe und die sauberen Gläser stehen schick auf dem Tisch. Natürlich landen die schmutzigen Kleider in der Waschmaschine und die sauberen Sachen warten schon auf mich in der Kommode. Aber wenn ich ihr sage, sie soll nicht in mein Zimmer gehen, dann meint sie, ich soll selbst aufräumen! Aber ich liebe mein Chaos! Schließlich will ich meine Privatsphäre haben! Ich habe die Nase voll! Ich hänge ein Schild an die Zimmertür: „Mein Zimmer, mein Chaos!" Hilft das? Wie meint ihr?

1. Ist Nicole ein ordentlicher Typ?
2. Wer räumt Nicoles Zimmer auf? Wann?
3. Stört Nicole das Chaos in ihrem Zimmer?
4. Stört es Nicole, dass ihre Mutter in ihr Zimmer geht, wenn sie nicht da ist? Warum?
5. Was macht die Mutter in Nicoles Zimmer?
6. Was hat Nicole vor?

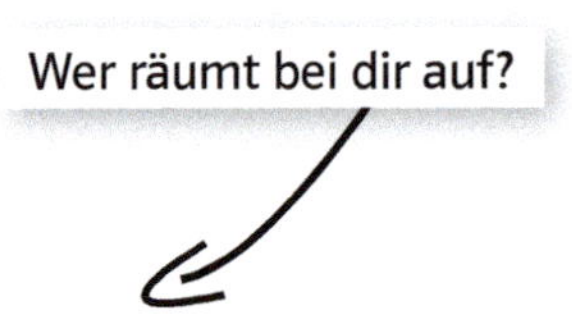

26 Eltern über ihre Kinder. Hör zu und bilde die Sätze. > HÖREN ▶ 42

Herr Hoffmann	hat Ärger mit	seinem	Sohn,	weil	er	sehr unordentlich ist.
Frau Langer		ihrem	Tochter,		sie	immer mehr Taschengeld haben will.
Herr Hartmann		seiner				wenig für die Schule lernt.
Frau Schmidt		ihrer				nie pünktlich ist.

AB-Übungen
28 – 29

Phonetik

1 Wo hörst du ein R? Hör zu und markiere. > HÖREN ▶ 43

Nach der Party

die Unordnung aufräumen
die Dekoration abnehmen
Ärger mit den Eltern haben
den verschmutzten Teppich reinigen
die Wand streichen
die Aufschrift abwischen
das Sofa reparieren

2 Ergänze die Regel. Kreuze die richtigen Antworten an.

Man hört einen R-Laut

- ☐ am Wort- und Silbenanfang (**r**ot, fah-**r**en …)
- ☐ nach einem Konsonanten (F**r**eunde …)
- ☐ in der Endung -er (Vat**er** …)

3 Sprecht die Wortgruppen aus 1 und achtet auf den R-Laut.

Lektion 16

GRAMMATIK SCHNELL & KLAR

Deklination der Adjektive

Singular

Nominativ		
maskulin	**feminin**	**neutral**
der saubere Tisch	die kleine Katze	das neue Sofa
der neue Teppich	die laute Musik	das moderne Poster
Akkusativ		
maskulin	**feminin**	**neutral**
den sauberen Tisch	die kleine Katze	das neue Sofa
den neuen Teppich	die laute Musik	das moderne Poster

Plural

Nominativ
die bunten Ballons die grünen Stühle
Akkusativ
die bunten Ballons die grünen Stühle

Deine Beispiele

das Poster / modern

Wie gefällt dir das moderne Poster?

der CD-Player / alt

Wo steht __________ ?

das Wörterbuch / dick

Leg __________ auf das Regal.

die Stehlampe / kaputt

Ich werfe __________ weg!

die Kommode / rot

__________ ist cool!

der Teppich / schmutzig

Wir lassen __________ reinigen!

Die Lokalpräpositionen mit Dativ

an	▶ an der Wand
auf	▶ auf dem Tisch
hinter	▶ hinter dem Haus
in	▶ in der Küche
neben	▶ neben den Büchern
über	▶ über der Kommode
unter	▶ unter dem Stuhl
vor	▶ vor der Tür
zwischen	▶ zwischen dem Regal und dem Tisch

Wo sind die Sachen?

die Socken / die Schublade

Die Socken sind __________

der Ball / der Schrank

____

der Autoschlüssel / der Tisch

____

das Fahrrad / das Haus

____

das Tablet / das Buch

____

Die Lokalpräpositionen mit Akkusativ

an ▶ an **die** Wand
auf ▶ auf **den** Tisch
hinter ▶ hinter **das** Haus
in ▶ in **die** Küche
neben ▶ neben **die** Bücher
über ▶ über **die** Kommode
unter ▶ unter **den** Stuhl
vor ▶ vor **die** Tür
zwischen ▶ zwischen **das** Regal und **den** Tisch

Deine Beispiele

- Wohin hast du das Tablet gelegt?
- ______
- Wohin hast du das Fahrrad gestellt?
- ______
- Wohin hast du das Poster gehängt?
- ______
- Wohin hat sich die Katze gesetzt?
- ______

Positionsverben

Wo? ▶ Dativ

Der Teppich **liegt** auf dem Boden.
Das Sofa **steht** an der Wand.
Die Katze **sitzt** auf dem Stuhl.
Das Bild **hängt** über dem Tisch.

Wohin? ▶ Akkusativ

Der Vater **legt** den Teppich auf den Boden.
Der Vater **stellt** das Sofa an die Wand.
Die Katze **setzt** sich auf den Stuhl.
Der Vater **hängt** das Bild über den Tisch.

______ liegt ______?
______ legst du ______?
______ hängt ______?
______ hängt Julia ______?
______ sitzt ______?
______ setzen sich ______?
______ steht ______?
______ stellen wir ______?

Das Verb *lassen*

	lassen
ich	lasse
du	lässt
er, sie, es	lässt
wir	lassen
ihr	lasst
sie, Sie	lassen

Ich ______ mein Handy zu Hause.
Mia ______ ihren Hund bei der Oma.
Meine Mutter ______ den Teppich reinigen.
Meine Eltern ______ mich am Wochenende ausgehen.

Wichtige Wörter

die Decke, -n
Die Ballons hängen an der Decke.

die Ecke, -n

das Fenster, -

der Fußboden, -
Der Teppich liegt auf dem Fußboden.

die Mitte, -n
Der Tisch steht in der Mitte.

die Tür, -en
Olga steht in der Tür.

die Wand, ¨-e

hängen
Das Poster hängt an der Wand.
Ich hänge die Jacke in den Schrank.

legen
Ich lege den Teppich auf den Boden.

liegen
Der Teppich liegt auf dem Boden.

(sich) setzen
Michael setzt sich auf das Sofa.

sitzen
Michael sitzt auf dem Sofa.

stehen
Das Sofa steht an der Wand.

stellen
Ich stelle das Sofa an die Wand.

der Ärger (Singular)
Ich habe Ärger mit meinen Eltern.

sich ärgern (über + Akk.)
Meine Mutter hat sich geärgert.

das Chaos (Singular)

der Hausarrest
Ich habe eine Woche Hausarrest.

das Maß
Das Maß ist voll.

die Privatsphäre, -n

der Streit, -e (über + Akk.)

sich streiten (mit + Dat.)

ab|holen
Michael holt den Teppich von der Reinigung ab.

auf|räumen
Ich räume jeden Morgen mein Zimmer auf.

die Ordnung (Singular)
Wir machen wieder Ordnung.

lüften

putzen

reinigen

reparieren

sammeln
Michael sammelt die Abfälle.

spülen
Michael muss Geschirr spülen.

Staub saugen

streichen
Ich muss die Wände streichen.

die Unordnung (Singular)

wischen
Michael wischt den Boden.

beschädigt

beschmiert

chaotisch

durcheinander

kaputt
Der Stuhl war kaputt.
Die Gäste haben den Stuhl kaputt gemacht.

laut
Die Gäste waren sehr laut.

ordentlich
Ich bin ein ordentlicher Typ.

repariert
Das reparierte Sofa steht schon im Zimmer.

sauber

schmutzig

verschmutzt

zerbrochen

Landeskunde

1 Lies den Text und diskutiert in der Klasse.

Er hat einen Putzfimmel!

Ordnung muss sein. So lautet eine deutsche Redewendung. Aber sind die Deutschen wirklich so sauber und ordentlich? Alle bestimmt nicht. Und es gibt im Deutschen auch ein Wort für Menschen, die zu ordentlich und zu sauber sind. Man sagt: Er hat einen Putzfimmel! Und man meint: Er saugt zu viel, er räumt zu oft auf, er macht immer nur Ordnung, er putzt das Bad zweimal am Tag, er wischt pausenlos Staub … Das ist wie bei einer Krankheit oder einer Sucht. Manche Menschen rauchen und können nicht aufhören. Wer einen Putzfimmel hat, kann nicht aufhören zu putzen und aufzuräumen. Die gute Seite daran ist, dass die Wohnung ordentlich und sauber ist. Aber die schlechte Seite daran ist, dass Menschen mit Putzfimmel ihre Familie oder ihren Partner nerven können. So auch bei Martin, der 24 Jahre alt ist: „Ich putze jeden Tag meine ganze Wohnung. Wahrscheinlich ist es bei mir sehr sauber und ordentlich, aber ich finde, es kann gar nicht sauber genug sein."

Kennst du jemanden, der einen Putzfimmel hat?

Was macht er / sie?

Wie sagt man in deiner Muttersprache, wenn jemand einen Putzfimmel hat?

Projektecke Typische deutsche Namen?

Arbeitet in Gruppen. Sucht im Internet nach beliebten deutschen Vornamen. Sind deutsche Eltern bei der Namenssuche kreativ? Wie sind die Namen? Macht eine Liste von den Namen, die euch am besten gefallen, und präsentiert sie in der Klasse.

Viele Eltern geben ihren Kindern Doppelnamen.

Deutsche Vornamen sind oft kurz.

Lea finde ich schön. Aber das ist kein typisch deutscher Vorname.

ZWISCHENSTOPP 16

1 Richtig (R) oder falsch (F)? Lies den Zeitungsartikel und kreuze an. > LESEN

Das liebe Taschengeld

Es gibt viele Diskussionen und viel Unsicherheit. Wie viel Taschengeld sollten Kinder und Jugendliche bekommen? Und was sollten sie damit kaufen?

Für alle unsicheren Eltern gibt es in Deutschland eine offizielle Tabelle. Und in dieser Tabelle kann man sehen, wie viel das eigene Kind bekommen sollte. 50 Cent pro Woche – so sieht der Tipp für Kinder im Alter von 4 oder 5 Jahren aus. Interessant wird es bei den Teenagern. 14–15-Jährige sollten 30 bis 35 Euro im Monat als Taschengeld bekommen, 16–17-Jährige 45 bis 55 Euro monatlich und 18-Jährige sogar 75 Euro.

Viele Entscheidungen

Es gibt aber nicht nur Diskussionen darüber, wie viel Taschengeld Kinder bekommen. Eltern und Kinder haben auch andere Ideen, was man mit dem Geld machen soll. Charlotte Reiser vom Jugendamt Heidelberg sagte uns: „Die Kinder sollen mit dem Taschengeld eigene Erfahrungen machen. Aber klare Regeln von den Eltern sind trotzdem gut." Und was kaufen Kinder und Jugendliche von ihrem Taschengeld? Vor allem Kleinigkeiten wie Kinokarten, Süßigkeiten oder Zeitschriften, aber auch Geschenke, Kleidung oder sogar ein neues Smartphone. Man lernt so auch sparen, weil man teure Sachen nicht sofort kaufen kann.

Deine Erfahrungen

Und jetzt zu dir: Wie sehen deine Erfahrungen aus? Diskutierst du viel mit deinen Eltern über das Taschengeld? Hast du genug Taschengeld oder zu wenig? Und wofür gibst du es aus? Schreib uns deine Meinung, dann schreiben wir einen neuen Artikel zum Thema Taschengeld: meinung@jugendzeitung.de

	R	F
1. In Deutschland bekommen alle Kinder gleich viel Taschengeld.		
2. 18-Jährige sollen mehr Taschengeld als 17-Jährige bekommen.		
3. Kinder und Jugendliche kaufen mit ihrem Taschengeld oft kleine und manchmal auch teure Sachen.		
4. Kinder und Jugendliche lernen zu sparen, weil sie nicht alles kaufen können.		
5. Die Jugendzeitung interessiert sich für die Meinung der Jugendlichen, weil sie eine Tabelle machen will.		

2 Was ist richtig: a, b, c oder d? Hör zu und kreuze an. > HÖREN ▶ 44

Situation 1
Wo liegt das Handy?

- **a.** ☐ In der Küche.
- **b.** ☐ Auf dem Sofa.
- **c.** ☐ Auf dem Bücherregal.
- **d.** ☐ Auf dem Esstisch.

Situation 2
Wo stehen die Schuhe?

- **a.** ☐ Auf dem Bett.
- **b.** ☐ Unter dem Schrank.
- **c.** ☐ Unter dem Bett.
- **d.** ☐ Auf dem Schrank.

Situation 3
Wo ist der Autoschlüssel?

- **a.** ☐ Im Auto.
- **b.** ☐ In der Schublade.
- **c.** ☐ In der Jackentasche.
- **d.** ☐ Im Schrank.

3 Lies die E-Mail von Franziska und beantworte sie. > SCHREIBEN

> Liebe(r) …
> die Situation bei mir zu Hause ist sehr schwierig. Du weißt, dass mein Vater sehr streng ist. Er verbietet mir fast alles. Darum streiten wir uns sehr oft. Gestern hat es wieder einen Streit gegeben.
> Ich sollte um 23.00 Uhr zu Hause sein, aber ich bin erst um Mitternacht zurückgekommen. Ich habe den letzten Bus verpasst und musste zu Fuß gehen. Mein Vater wollte mit mir nicht sprechen. Ich habe eine Strafe bekommen: Hausarrest für zwei Wochen. Ich kann nicht mehr! Was soll ich tun?
> Bitte schreib mir. Ich brauche deine Hilfe!
> Franziska

A. Schreib Franziska, du warst schon einmal in so einer Situation.
B. Erzähle, was du gemacht hast.
C. Gib Franziska Tipps und Ratschläge.

4 Sieh dir das Foto an und beantworte die Fragen. > SPRECHEN

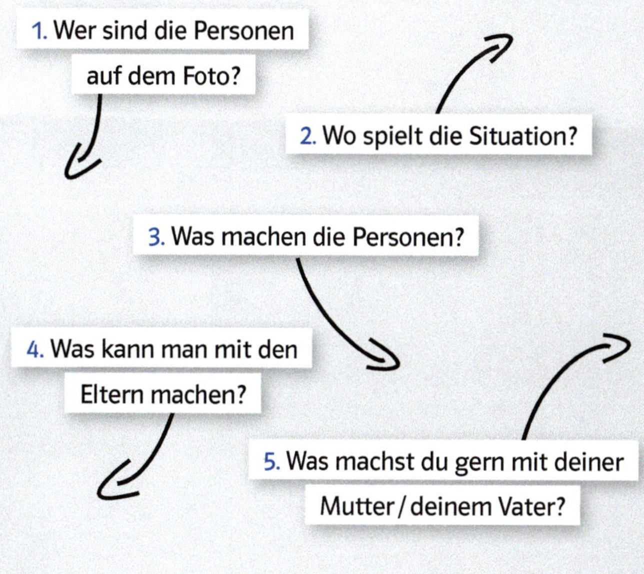

VIDEOSTATION 7
DEUTSCHLAND BEWEGT SICH

1 Sieh dir den Film an und bringe die Sportarten in die richtige Reihenfolge.

> FILM 7

- ☐ Schwimmen
- ☐ Radfahren
- ☐ Tennis
- ☐ Fußball
- ☐ Joggen
- ☐ Skaten
- ☐ Tischtennis
- ☐ Gymnastik
- ☐ Wasserspringen

2 Welches Foto passt zu welchem Satz? Ordne zu.

1. ☐ Die Deutschen sind Wasserratten.
2. ☐ Regelmäßiges Joggen ist gut für die Gesundheit.
3. ☐ Beim Tischtennis ist man an der frischen Luft.
4. ☐ Diese Teenies skaten auf den Stufen der Neuen Nationalgalerie.
5. ☐ Bei der Fußball-WM sieht man überall Fans mit deutschen Fahnen.
6. ☐ Die Fans treffen sich bei so genannten Public-Viewings.

3 Sieh dir den Film an und kontrolliere. > FILM 7

4 Richtig (R) oder falsch (F)? Kreuze an.

	R	F
1. Die Deutschen spielen nicht so gern Fußball.		
2. In allen deutschen Städten gibt es Radwege.		
3. Im Park ist Radfahren auf dem Rasen erlaubt.		
4. Der Berlin-Marathon gehört zu den wichtigsten Marathonläufen der Welt.		
5. Es gibt in Deutschland nicht viele Schwimmhallen.		
6. Manche Leute machen Gymnastik im Park.		

5 Wie lautet die richtige Antwort? Ordne zu.

1. ___ Wie heißt die Fußball-Meisterschaft?
2. ___ Wo treffen sich Fußballfans, wenn die deutsche Nationalmannschaft spielt?
3. ___ Wann findet der Berlin-Marathon statt?
4. ___ Wie heißt das beliebteste Verkehrsmittel der Deutschen?
5. ___ Welche Sportart ist bei Teenies besonders beliebt?
6. ___ Welche Sportart ist in Deutschland sehr populär?

a. Jedes Jahr, im September.
b. Bundesliga.
c. Fahrrad.
d. Bei Public-Viewings.
e. Skaten.
f. Fußball.

6 Recherchiere im Internet.

1. Wie viele Menschen haben in diesem Jahr am Berlin-Marathonlauf teilgenommen?
2. Welche Disziplinen haben sie gewählt?
3. Aus wie vielen Ländern kommen die Teilnehmer?

Lektion 17 SCHÖN, SCHÖNER, AM SCHÖNSTEN

A Der genialste Physiker aller Zeiten

Albert Einstein ist im Jahr 1879 in Ulm geboren. Gestorben ist er im Jahr 1955 in den USA, wo er seit 1933 gewohnt hat. Seine genialste Entdeckung war die Relativitätstheorie. 1921 hat er den Nobelpreis für Physik bekommen.

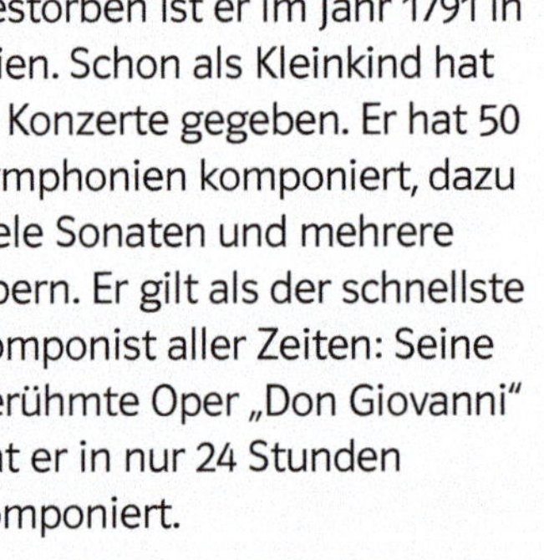

Wolfgang Amadeus Mozart ist 1756 in Salzburg geboren. Gestorben ist er im Jahr 1791 in Wien. Schon als Kleinkind hat er Konzerte gegeben. Er hat 50 Symphonien komponiert, dazu viele Sonaten und mehrere Opern. Er gilt als der schnellste Komponist aller Zeiten: Seine berühmte Oper „Don Giovanni" hat er in nur 24 Stunden komponiert.

Heidi Klum ist nicht mehr die Jüngste (sie ist 1973 in Bergisch Gladbach geboren), aber sie ist immer noch sehr attraktiv. Sie war in den 1990er Jahren das berühmteste Model der Welt. Seit 2006 moderiert sie die Sendung Germany's Next Topmodel auf ProSieben. Sie lebt in den USA.

Anna Lührmann ist 1983 geboren und war schon mit 16 Jahren Mitglied der Grünen. Sie war die jüngste Abgeordnete aller Zeiten im Bundestag. Sie war damals erst 19 Jahre alt und hatte gerade Abitur gemacht. Im Jahr 2009 hat sie nicht mehr kandidiert.

Johann Wolfgang von Goethe ist im Jahr 1749 in Frankfurt/Main geboren. Gestorben ist er 1832 in Weimar. Viele sagen, dass er der größte deutsche Dichter aller Zeiten und auch der intelligenteste Mensch der europäischen Geschichte ist. Er hatte nämlich einen IQ (Intelligenzquotient) von 185!

Die Schauspielerin **Romy Schneider** ist 1938 in Wien geboren. In ihrem kurzen Leben (sie ist im Jahr 1984 gestorben) hat sie mehr als 60 Filme gedreht. Sie hat im Film über Kaiserin Sissi die Hauptrolle gespielt. Dieser Film hat sie weltbekannt gemacht. Für viele bleibt sie immer noch die talentierteste Schauspielerin aller Zeiten.

1 Wer ist das? Lies die Sätze und schreib die Namen. > LESEN

1. Er / Sie hat mit nur 19 Jahren im Bundestag gesessen.
2. Er / Sie hat für berühmte Modedesigner gemodelt.
3. Er / Sie hat die Relativitätstheorie entdeckt.
4. Er / Sie hat eine Oper in nur 24 Stunden komponiert.
5. Er / Sie hatte einen sehr hohen IQ.
6. Er / Sie hat die Hauptrolle im Film über Kaiserin Sissi gespielt.

2 Bilde Sätze. > WORTSCHATZ

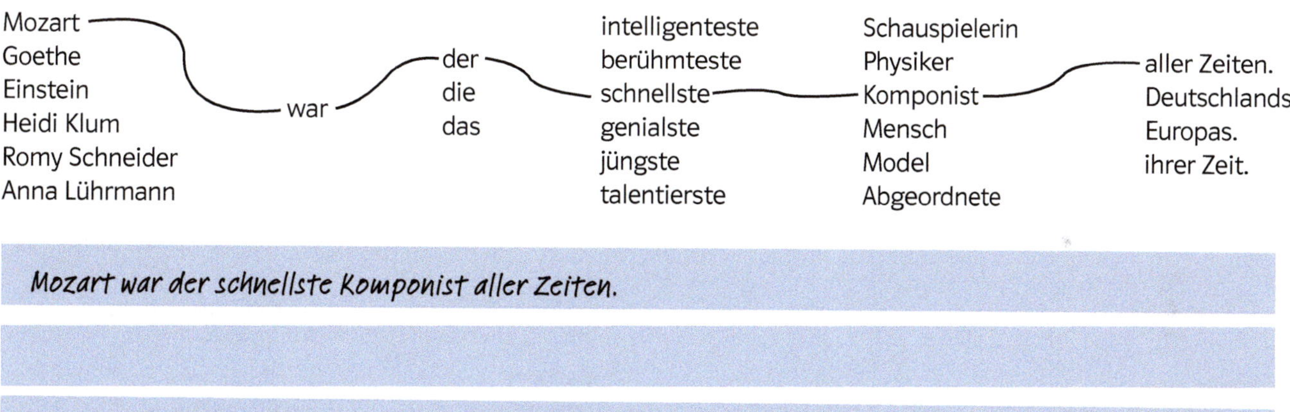

Mozart war der schnellste Komponist aller Zeiten.

3 Zur Kontrolle. Hör zu und sprich nach. > HÖREN 45

4 Ich frage, du antwortest … Bildet Dialoge. > SPRECHEN

- Wer ist der größte deutsche Dichter?
- Ich finde, Goethe ist der größte deutsche Dichter.

der / die schnellste, der / die genialste der / die beste, der / die berühmteste der / die talentierteste, der / die stärkste	Musiker(in), Sportler(in), Rennfahrer(in), Sänger(in), Schauspieler(in) …

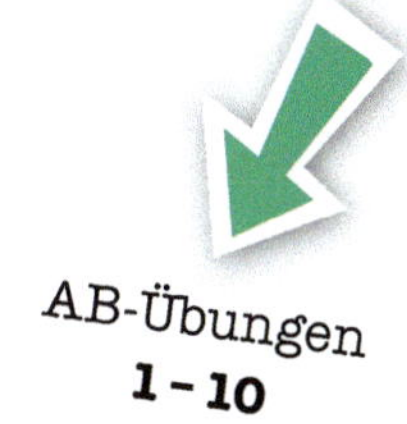

AB-Übungen
1 – 10

B Welche Stadt gefällt dir besser?

Mit 3,4 Millionen Einwohnern ist Berlin die größte Stadt Deutschlands. Von 1961 bis 1989 war die Stadt durch eine Mauer geteilt. Seit der Wiedervereinigung im Jahr 1990 ist Berlin wieder Hauptstadt Deutschlands. Aber Berlin ist auch ein Bundesland (genauso wie Hamburg und Bremen). In Berlin ist der Bundestag, das deutsche Parlament. Jedes Jahr findet in Berlin die Berlinale, ein internationales Filmfestival, statt.

München ist die Hauptstadt Bayerns, des größten Bundeslandes Deutschlands. Es hat 1,3 Millionen Einwohner und liegt im Süden, nicht weit von den Alpen entfernt. Alle Touristen kennen das Oktoberfest, das größte Volksfest der Welt. Und natürlich auch das Deutsche Museum, das größte Technikmuseum der Welt. Aber die neueste Attraktion ist die Allianz-Arena, das Stadion vom FC Bayern.

5 Zum Verständnis. Bilde Sätze. > LESEN

		die Hauptstadt	das Oktoberfest.
	hat	1,3 Millionen	Bayerns.
Berlin	findet	die Berlinale	statt.
In Berlin	ist	die größte Stadt	Einwohner.
München	liegt	nicht weit	Deutschlands.
In München	feiert	man	von den Alpen entfernt.

Berlin ist die größte Stadt ...

München ...

6 Hör zu und lies mit. > HÖREN ▶ 46

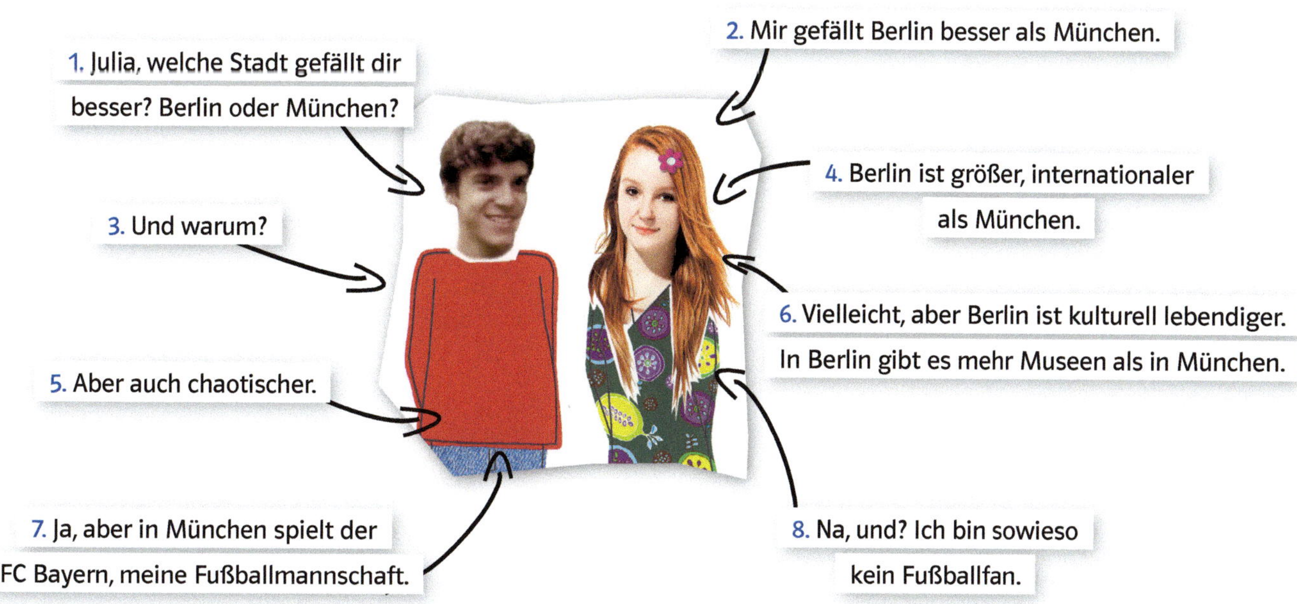

7 Finde im Dialog die Sätze mit ***als***. > WORTSCHATZ

Grammatik

Mein Ort ist **ruhiger als** Berlin.
Das Buch ist **besser als** der Film.

8 Berlin versus München. Diskutiert in der Klasse. > SPRECHEN

weltoffen • konservativ • laut • hektisch • multikulturell • interessant • lebendig • reich • sauber • innovativ • grün • teuer

Berlin

Berlin

München

München

Ich finde Berlin weltoffener als München.

Meinst du? Ich finde Berlin lebendiger als München.

Kann sein, aber München ist lebendiger.

Aber München ist …

Grammatik

schön ▶ schön**er**
laut ▶ laut**er**
groß ▶ gr**ö**ß**er**
gut ▶ **besser**

Wo möchtest du übernachten?

	Jugendherberge 4You	Hotel City Central	The Munich Hostel
Lage	3 Geh-Minuten zur nächsten U-Bahn-Station, 10 U-Bahn-Minuten zum Zentrum	direkt im Stadtzentrum	perfekt zentral gelegen, unweit vom Hauptbahnhof
Zimmer	Einzelzimmer mit Dusche / WC Zwei-, Vier-, Sechsbettzimmer mit Dusche / WC	alle Zimmer mit Dusche und WC	Schlafsäle: 4- bis 12-Bettzimmer (Stockbetten), ohne Bad
Internet	Gratis! W-LAN in öffentlichen Bereichen	W-LAN im Zimmer	Internetzugang kostet extra
Komfort / Besonderheiten	Cafeteria, Speisesaal, Bistro Kicker und Billard im Untergeschoss	Fitness Center, Pool, Sauna, Restaurant	kostenlose Videospiele auf der Großbildleinwand in der Bar
Preis	Übernachtung mit Frühstück ab € 25, 20 Halbpension ab € 30, 90 Vollpension, Lunchpaket € 36, 40	Einzelzimmer € 225 Doppelzimmer € 330 (Frühstück € 15)	pro Gast / Nacht ab € 17,55 Frühstück: gratis!
Interessant	Treffpunkt von Schulklassen, jungen Menschen aus der ganzen Welt, familiäre Atmosphäre	bekannte Gäste: Michael Jackson Elton John Romy Schneider Robbie Williams	kostenloser Stadtrundgang (Treffpunkt an der Rezeption)

9 Zum Verständnis. Richtig (R) oder falsch (F)? Lies und kreuze an. > LESEN

	R	F
1. Das Hostel ist teurer als die Jugendherberge.	☐	☐
2. Die Jugendherberge ist billiger als das Hotel.	☐	☐
3. Das Hostel liegt zentraler als die Jugendherberge.	☐	☐
4. Die Jugendherberge ist komfortabler als das Hostel.	☐	☐
5. Das Hostel ist gemütlicher als die Jugendherberge.	☐	☐
6. Das Hotel ist exklusiver als die Jugendherberge.	☐	☐

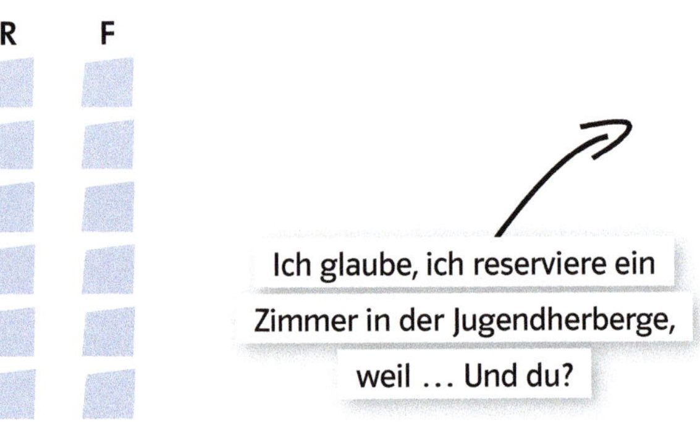

10 Beantwortet die Fragen. > SPRECHEN

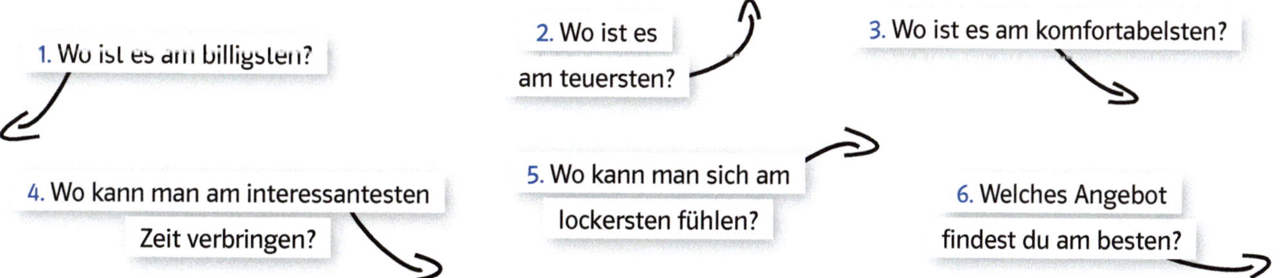

11 Komparativ und Superlativ. Ergänze die Tabelle. > WORTSCHATZ

	Komparativ	Superlativ	
jung	*jünger*	*der/die/das jüngste*	*am jüngsten*
alt			
groß			
billig	*billiger*	*der/die/das billigste*	*am billigsten*
schön			
beliebt			
teuer	*teurer*	*der/die/das teuerste*	
komfortabel	*komfortabler*		
hoch	*höher*	*der/die/das höchste*	
gut		*der/die/das beste*	*am besten*
viel		*der/die/das meiste*	
gern	*lieber*		*am liebsten*

12 Quiz. Findet Informationen und beantwortet die Fragen. > SPRECHEN

1. Wie heißt die größte Stadt der Schweiz?
2. Welcher ist der längste Fluss Deutschlands?
3. Wie heißt der höchste Berg Österreichs?
4. Welches ist das kleinste Bundesland Deutschlands?
5. Wie heißt das größte Volksfest in Deutschland?
6. Wer ist der bekannteste Sportler / die bekannteste Sportlerin in Österreich?
7. Wie heißt die im Moment populärste Musikgruppe in Deutschland?

AB-Übungen 11 – 18

C Der Superstar

Da kommt er ... Dieter Dohlen, DiDo für die Fans. Er ist der verrückteste, lauteste, bekannteste Popsänger aller Zeiten. Und auch derjenige, der am meisten verdient ... Dieter Dohlen ist der Popsänger, der aktuell am meisten Erfolg hat. Alle Teenager möchten ihn sehen und auch seine Musik hören. Seine Konzerte sind immer ausverkauft. Seine Songs, die alle Teenager kennen, sind im Moment in den Top 10. Er unterhält sich mit Fans nach den Konzerten, alle wollen Autogramme von ihm. Er hat eine sehr exklusive Limousine, mit der er sich zu den Konzerten chauffieren lässt. Seine Freundin, die Roxi Roxana heißt, ist auch Sängerin. Das Team, das seine Konzerte und Tourneen organisiert, besteht aus 48 Leuten. DiDo verdankt so großen Erfolg auch seinem Manager – er ist mittlerweile sein bester Freund geworden. Aber Superstar Dieter Dohlen ist auch ein Mensch mit Herz: Er spendet nämlich Millionen für Hilfsorganisationen, die sich um arme Menschen kümmern.

13 Hör zu und lies mit. Dann formuliere die Fragen. > HÖREN ▶ 47

Welche Fragen möchtest du DiDo stellen?

14 Interview mit DiDo. Hör zu und fülle die Tabelle aus. > HÖREN ▶ 48

DiDo, nur ein paar Fragen für unsere Zuschauer ...

Konzert: Wo?	
Auftritt: Wie?	
DiDos Erfolgsgeheimnis	
DiDo als Millionär	
DiDo als Geldspender	
DiDos Kindheit	
Etappen von DiDos Tournee	

15 Ergänzt die Tabelle. Dann erzähle. > SPRECHEN

	Du	Dein Partner / Deine Partnerin
Der lustigste Film		
Das interessanteste Buch		
Der bekannteste Sänger		
Die beste Schauspielerin		
Die sympathischste Person		
Das beliebteste Smartphone-Modell		
...		

16 Alles super! Bilde Sätze wie im Beispiel. > HÖREN 49

Die Katze ist schön.

Ja, das ist die schönste Katze, die ich je gesehen habe!

Dieser Film ist lustig.
Dieses Auto ist schnell.
Dieses Kleid ist teuer.
Diese Frau ist sportlich.
Diese Schuhe sind elegant.

AB-Übungen 19–21

Phonetik

1 Wie kann man den Ö-Laut lernen? Trainiere.

Sprich ein *e*, dann runde die Lippen und du hörst ein *ö*.

2 Lang oder kurz? Hör zu und markiere. > HÖREN 50

Möbel · Köln · Göttingen · Söhne · Töchter · Österreich · höher · östlich · größer · schön · mögen · Brötchen · Löffel · Wörter · öffnen · fröhlich · höflich · Goethe

3 Schreib die Wörter aus 2 in die Tabelle.

Sind die Ö-Laute lang oder kurz?

lang	kurz

4 Bildet Sätze mit vielen Ö-Wörtern und lest sie laut vor.

Welcher Satz ist am lustigsten?

Vergleichssätze

so ... wie

Ich finde, Berlin ist **so** schön **wie** München.
Marina ist **so** groß **wie** ihre Schwester.
Das Hotel ist **so** gut gelegen **wie** das Hostel.

als

Mir gefällt Berlin besser **als** München.
Ich finde Berlin weltoffener **als** München.
Das Hostel ist teurer **als** die Jugendherberge.

Deine Beispiele

___ ist so beliebt wie ___
___ ist schöner als ___
___ ist sportlicher als ___
___ ist genauso sympathisch wie
___

Komparativ

Adjektiv + -er	
schön	▶ schön**er**
sportlich	▶ sportlich**er**
elegant	▶ elegant**er**
hübsch	▶ hübsch**er**
jung	▶ jüng**er**
lang	▶ läng**er**
groß	▶ größ**er**
teuer	▶ teur**er**
sensibel	▶ sensibl**er**
komfortabel	▶ komfortabl**er**

Besondere Formen	
gut	▶ **besser**
viel	▶ **mehr**
hoch	▶ **höher**
gern	▶ **lieber**

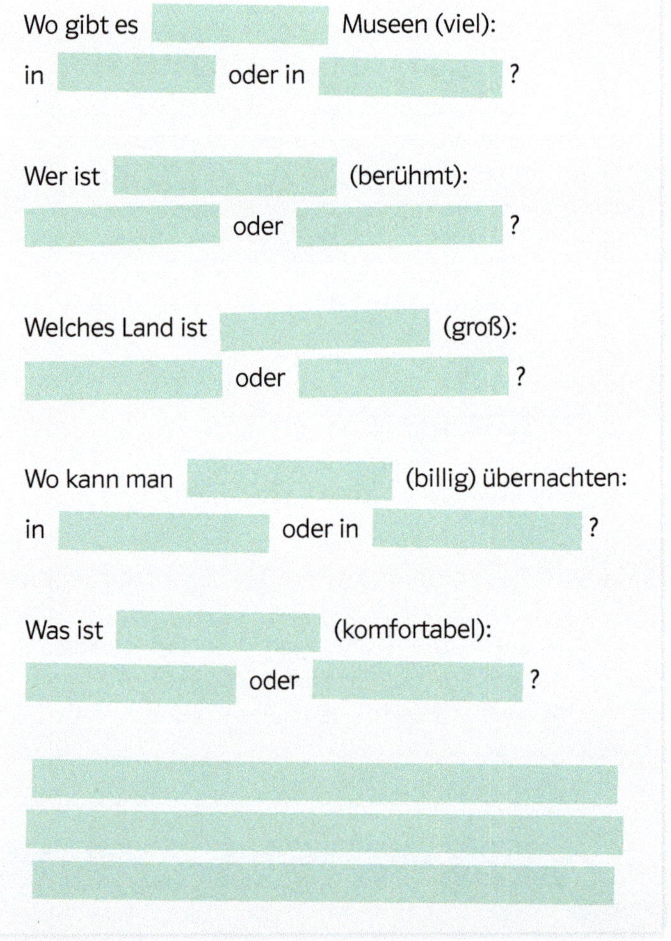

Superlativ

der / die / das + Adjektiv + -(e)ste	
schön	▶ der / die / das schön**ste**
sportlich	▶ der / die / das sportlich**ste**
elegant	▶ der / die / das elegant**este**
hübsch	▶ der / die / das hübsch**este**
jung	▶ der / die / das jüng**ste**
lang	▶ der / die / das läng**ste**
groß	▶ der / die / das größ**te**
Besondere Formen	
gut	▶ der / die / das **beste**
viel	▶ der / die / das **meiste**
hoch	▶ der / die / das **höchste**
gern	▶ der / die / das **liebste**

Deine Beispiele

das ______ Museum (bekannt)
die ______ Komödie (lustig)
die ______ Hunderasse (populär)
die ______ Katze (groß)
die ______ Matheaufgabe (schwierig)
das ______ Buch (interessant)

am + Adjektiv + -(e)sten	
schön	▶ am schön**sten**
sportlich	▶ am sportlich**sten**
elegant	▶ am elegant**esten**
hübsch	▶ am hübsch**esten**
jung	▶ am jüng**sten**
lang	▶ am läng**sten**
groß	▶ am größ**ten**
Besondere Formen	
gut	▶ am **besten**
viel	▶ am **meisten**
hoch	▶ am **höchsten**
gern	▶ am **liebsten**

lustig ▶ am ______
wichtig ▶ am ______
langweilig ▶ am ______
gefährlich ▶ am ______
attraktiv ▶ am ______
langsam ▶ am ______

Genitiv bei Eigennamen

Das ist das beste Hotel München**s**.
Der Montblanc ist der höchste Berg Europa**s**.

Roxi Roxana ist die Freundin DiDo**s**.
„Don Giovanni" ist Mozart**s** bekannteste Oper.

Das Brandenburger Tor ist das Wahrzeichen ______

Bayern ist das größte Land ______

Wichtige Wörter

berühmt
Heidi Klum war das berühmteste Model ihrer Zeit.

erfolgreich

gemütlich

genial
Einstein war der genialste Physiker aller Zeiten.

großzügig
Er ist der großzügigste Popstar.

hektisch

hoch
Wie hoch ist der Berg?

ideal

intelligent

international

komfortabel

laut

lebendig
Berlin ist eine sehr lebendige Stadt.

schnell
Mozart war der schnellste Komponist aller Zeiten.

selbstständig

weltbekannt

weltoffen

die Attraktion, -en
Das ist die neueste Attraktion der Stadt.

der Einwohner, -

das Filmfestival, -s

die Hauptstadt, ¨-e

kennen
Alle Touristen kennen das Oktoberfest.

die Nähe (Singular)
in der Nähe der Altstadt

das Stadion, Stadien
Hier ist das schönste Stadion Deutschlands.

das Stadtzentrum, -zentren
Das Hotel liegt direkt im Stadtzentrum.

statt|finden

das Volksfest, -e
das bekannteste Volksfest der Welt

das Wahrzeichen, -

der / die Abgeordnete, -n

der Dichter, -

drehen
Sie hat viele Filme gedreht.

die Entdeckung, -en

der Erfolg, -e

die Hauptrolle, -n

komponieren
Er hat 50 Symphonien komponiert.

das Konzert, -e

das Mitglied, -er
Sie war Mitglied der Grünen.

moderieren

der Nobelpreis
Er hat den Nobelpreis für Physik bekommen.

die Oper, -n

der Physiker, -

der Sänger, -

der Schauspieler, -

die Sendung, -en
Sie moderiert eine bekannte Sendung.

die Sonate, -n

der Song, -s

die Symphonie, -n

sich unterhalten (mit + Dat.)
Er unterhält sich mit Fans nach Konzerten.

das Herz, -en

die Hilfsorganisation, -en

sich kümmern (um + Akk.)
Die Organisation kümmert sich um arme Menschen.

spenden

Landeskunde

1 Lies den Text und ergänze die Superlative.

Alles über Liechtenstein

Man kann es leicht vergessen: Liechtenstein ist das *kleinste* (klein) der deutschsprachigen Länder. Es liegt zwischen Österreich und der Schweiz und hat auch die ________ (wenig) Einwohner der vier Länder, in denen Deutsch die Amtssprache ist. Liechtenstein ist an seiner *breitesten* (breit) Stelle nur etwa 25 km lang und an seiner ________ (schmal) Stelle rund 12 km. Das ist wirklich nicht viel! Hauptstadt und Fürstensitz ist Vaduz. Wenn man nur die Fläche sieht, dann ist Triesenberg der ________ (groß) Ort. Der ________ (lang) Fluss im Land ist der Rhein, also wie in Deutschland. Liechtenstein gehört auch nicht zur EU, also wie sein Nachbarland, die Schweiz. Die ________ (alt) Tageszeitung ist das Liechtensteiner Volksblatt. Und was kann man als Tourist in Liechtenstein machen? Wandern, die Natur genießen oder Skifahren. Und natürlich Deutsch sprechen oder lernen.

Projektecke Rekorde in Deutschland, Österreich und der Schweiz

Arbeitet in Gruppen. Sucht im Internet nach Informationen über Rekorde in Deutschland, Österreich oder der Schweiz. Macht Infoplakate und präsentiert sie in der Klasse.

Die Spreuerhofstraße in Reutlingen ist nur 31 Zentimeter breit und damit laut Guinness-Buch der Weltrekorde die „engste Straße der Welt". Die Gasse ist inzwischen zu einem richtigen Touristen-Magneten geworden.

ZWISCHENSTOPP 17

1 Ordne den Texten die passenden Überschriften zu. > LESEN

Rekorde ohne Ende

Im Jahr 1955 ist es zum ersten Mal auf den Markt gekommen: das Guinness-Buch der Rekorde. Seitdem erscheint es jedes Jahr und wird immer dicker. Die Rekorde sind interessant, lustig, komisch oder extravagant. Und sie stammen aus Kategorien wie Natur, Technik, menschliche Leistung, Kunst oder Sport. Wir haben ein paar von ihnen gesammelt.

1. ______

Daniel Peetz ist sicher der Liebling aller Schwiegermütter. Er hat nämlich den längsten Bügelmarathon aufgestellt. 58 Stunden bügelte er für seinen Rekord ohne Pause und sammelte dabei auch noch Spenden für soziale Zwecke.

2. ______

Ob jemand so große Füße hat, dass er Schuhgröße 1071 braucht? Der größte Wanderschuh der Welt ist 7,14 m lang, 2,50 m breit und 4,2 m hoch und kommt aus Deutschland. Ach ja, er wiegt nicht weniger als 1.500 kg!

3. ______

Sinntal-Jossa ist ein kleines Dorf in Deutschland, das niemand kennt. Außer vielleicht Schnitzelfreunde, denn im Ort wurde 2009 das längste Schnitzel der Welt gebraten. Wie lang es war? Nur … 96,7 m.

4. ______

Findet ihr, dass zu wenige Schüler in eurem Deutschunterricht sind? 2006 lernten 6.287 Schüler Deutsch von Bastian Sick, Buchautor und Spezialist für deutsche Grammatik. Dafür war natürlich keine Schule groß genug. Also konnten alle in der Köln Arena lernen.

5. ______

Mögt ihr Fischstäbchen wie so viele Kinder und Jugendliche? 2009 bereitete der Koch Michael Gorich das mit 136 kg schwerste, mit 2 m längste, mit 50 cm breiteste und mit 14,5 cm höchste Fischstäbchen.

a. Lernen im Stadion
b. Der perfekte Hausmann
c. Kleiner Ort ganz groß
d. Auf großem Fuß
e. Kinderessen mal anders

2 Hör zu und kreuze die richtige Antwort an. > HÖREN ▶ 51

Herr Schröder ist der beliebteste Lehrer am Europa-Gymnasium, weil …

- er streng ist.
- er gerecht ist.
- er nie schlechte Noten gibt.
- er professionell arbeitet.
- er seine Schüler und Schülerinnen respektiert.
- seine Stunden nicht langweilig sind.
- er seine Schüler und Schülerinnen nicht wie Kinder behandelt.
- er seine Schüler und Schülerinnen auf Klassenfahrt begleitet.
- er oft mit seinen Schülern und Schülerinnen ins Kino geht.

3 Eine Umfrage am Europa-Gymnasium. Berichte. > SPRECHEN

Wer ist …

der / die beliebteste Lehrer(in)?	Herr Schröder, Deutschlehrer	**63 %**
der / die strengste Lehrer(in)?	Frau Richter, Mathelehrerin	**51 %**
der / die verständnisvollste Lehrer(in)?	Herr Schröder, Deutschlehrer	**58 %**
der / die humorvollste Lehrer(in)?	Herr Schröder, Deutschlehrer	**72 %**
der / die eleganteste Lehrer(in)?	Frau Wagner, Englischlehrerin	**75 %**

Frau Wagner ist die …

51 % der Schüler und Schülerinnen sagen, dass …

63 % der Schüler und Schülerinnen sagen, dass Herr Schröder …

4 Schreib eine E-Mail. > SCHREIBEN

Du möchtest ein Zimmer in einem Hostel in Basel buchen und schreibst eine E-Mail.

A. Informiere, von wann bis wann du deinen Besuch planst.
B. Sag, dass du ein 4-Bett-Zimmer für dich und drei Freunde suchst.
C. Frag, ob das Hostel kostenloses Internet anbietet.

Betreff

A Welcher Urlaub passt zu dir?

Urlaubstest

1. Wohin möchtest du nächsten Sommer fahren / fliegen?
a. Ans Meer, nach Kreta.
b. In die Dolomiten.
c. Nach New York.

2. Was darf in deinem Gepäck nicht fehlen?
a. Badesachen.
b. Mein Fotoapparat.
c. Ein Buch.

3. Was möchtest du gern im Urlaub machen?
a. Relaxen und faulenzen.
b. Die Natur anschauen.
c. Städte besuchen.

4. Wie reist du am liebsten in den Urlaub?
a. Mit dem Auto.
b. Mit dem Wohnmobil.
c. Mit dem Flugzeug.

5. Mit wem möchtest du Urlaub machen?
a. Mit meiner Familie.
b. Mit meinen Freunden.
c. Mit der Jugendgruppe.

6. Wie sieht die perfekte Unterkunft aus?
a. Feriendorf.
b. Zelt im Wald.
c. Modernes Hotel.

7. Ist ein Pool wichtig?
a. Ja, absolut.
b. Nicht unbedingt.
c. Nein.

8. Wie lange möchtest du gern Urlaub machen?
a. Vier, fünf Tage.
b. Eine Woche.
c. Einen Monat.

9. Wie oft telefonierst du im Urlaub?
a. Mehrmals am Tag.
b. Nur im Notfall.
c. Jeden Tag.

10. Stellst du deine Urlaubsfotos auf Facebook?
a. Ja, jeden Tag.
b. Ja, ab und zu.
c. Nein, ich verschicke sie per WhatsApp.

a = 1 Punkt **b** = 2 Punkte **c** = 3 Punkte

weniger als 15 Punkte
Du bist ein ruhiger Typ und liebst Sicherheit. Deswegen machst du normalerweise Urlaub am selben Ort. Mit Urlaub verbindest du in erster Linie ein komfortables Hotel mit Swimmingpool.

15–21 Punkte
Du bist für neue Erfahrungen offen. Du willst im Urlaub Abenteuer erleben und Neues entdecken. Dein Traumurlaub: eine Expedition in die Sahara oder in den tropischen Regenwald.

22–30 Punkte
Du bist aktiv und neugierig. Du machst gerne Urlaub in einer Großstadt, wo du interessante Sachen anschauen kannst. Aber du willst auch neue Leute kennen lernen und shoppen gehen.

1 Mach den Urlaubstest. Wie viele Punkte hast du? > LESEN

2 Lies die Texte und sammle Informationen in der Tabelle. > LESEN

Beate Lach (38), Lehrerin
Ich finde Urlaub in einem Feriendorf einfach super! Vor allem wenn man Kinder hat. Es gibt viele Freizeitangebote, natürlich viel Sport wie z. B. Windsurfen, Segeln, Tauchen, aber auch lateinamerikanische Tanzkurse, Karaoke und interessante Ausflüge. Es gibt einen Miniclub, wo sich professionelle Betreuer um die Kinder kümmern. Wir waren letztes Jahr in Spanien, dieses Jahr geht es nach Marokko.

Annika Jung (17), Schülerin
Ich möchte im Urlaub meine Englischkenntnisse verbessern. Ich finde, Sprachferien sind eine clevere Kombination von Schule und Urlaub. Man wohnt bei Gastfamilien. Unterricht ist normalerweise morgens von 9.00 bis 12.30 Uhr. Am Nachmittag hat man Zeit für Sport und kulturelle Aktivitäten. Natürlich nicht allein, sondern mit jungen Leuten aus anderen Ländern! Nächsten Sommer fliege ich nach Dublin!

Martin Meyer (34), Angestellter
Ich bin ein fauler Typ. Urlaub bedeutet für mich in erster Linie Relaxen, Entspannung und Faulenzen. Seit Jahren mache ich Urlaub an der Adria. Ich habe mein Stammhotel, kenne die Leute, das Essen ist ausgezeichnet. Am Vormittag gehe ich an den Strand, liege in der Sonne, bade … Am Nachmittag, nach dem Essen, schlafe ich ein wenig. Dann bleibe ich am Hotelpool, lese ein Buch. Am Abend gehe ich in ein Lokal oder in eine Disco.

Klaus Hahn (24), Student
Urlaub bedeutet für mich Abenteuer, Reisen, neue Städte besichtigen, Kultur und Atmosphäre der verschiedenen Orte kennen lernen. Deswegen mache ich gern Urlaub mit einem Wohnmobil. Wir sind drei Freunde, mieten uns jeden Sommer ein Wohnmobil und fahren los. Wir wollen dieses Jahr nach Norwegen, bis ans Nordkap fahren. Ein Wohnmobil ist sehr praktisch: Man braucht nicht zu buchen oder zu reservieren, man kann halten, wo man will …

	Wo?/Wohin?	Unterkunft?	Was?	Warum?
Beate Lach				
Annika Jung				
Martin Meyer				
Klaus Hahn				

3 Was sagen die Personen? > SPRECHEN

Annika sagt, dass sie einen Englischkurs besuchen möchte.

Klaus sagt, dass er …

Herr Meyer sagt, dass er …

Frau Lach sagt, dass sie nach Marokko fährt.

4 Wohin möchtest du fahren / fliegen? Lies und kreuze an. > WORTSCHATZ

- nach Deutschland
- nach England
- nach Spanien
- nach …

- in die USA
- in die Schweiz
- in die Toskana
- in …

- nach Berlin
- nach London
- nach New York
- nach …

- ans Meer
- an die Adria
- an den Gardasee
- an …

- nach Sardinien
- nach Kreta
- nach Kuba
- nach …

- ins Gebirge
- in die Alpen
- in die Dolomiten
- in …

die Ostsee

Lindau / der Bodensee

die Schweiz

5 Kettenfragen. > SPRECHEN

Wohin möchtest du nächsten Sommer fahren? ▶ Ich möchte ans Meer fahren, nach Sardinien. Und du?
Wohin möchtest du nächsten Winter fahren? ▶ Ich möchte …

6 Ich frage, du antwortest … Bildet zu dritt Dialoge. > SPRECHEN

7 Was kann man wo machen? Ordne zu. > WORTSCHATZ

1 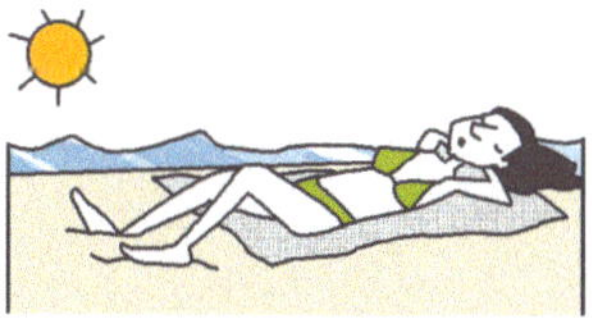 sich sonnen
2  eine Radtour machen
3  surfen
4  eine Schifffahrt machen
5  baden
6  auf den Eiffelturm steigen
7 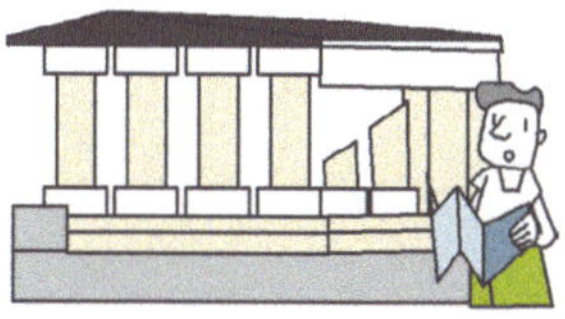 Sehenswürdigkeiten anschauen
8  wandern
9  neue Leute kennenlernen
10  sich entspannen
11  Englischkurs besuchen
12  Ski fahren

a. im Gebirge 8, 12
b. in den Alpen
c. am Meer
d. am Gardasee
e. auf Mallorca
f. an der Adria
g. in Paris
h. in England

8 Ich frage, du antwortest … Bildet Dialoge. > SPRECHEN

- Was kann man im Gebirge machen?
- Im Gebirge kann man wandern.

- Wo machst du Urlaub, wenn du wandern willst?
- Wenn ich wandern will, mache ich Urlaub im Gebirge.

Grammatik

Wo?	**Wohin?**
am Meer	ans Meer
im Gebirge	ins Gebirge
in Berlin …	nach Berlin …

9 Interviews. Hör zu und sammle Informationen. > HÖREN ▶ 52

	Frau Richter	Herr Koch	Paul
Wohin?			
Wann?			
Wie lange?			
Mit wem?			
Was?			

10 Eine Statistik. Diskutiert in der Klasse. > SPRECHEN

Die beliebtesten Reiseziele der Deutschen

Deutschland, Bayern	(23,1 %)	Frankreich, Côte d'Azur	(4,5 %)
Spanien, Mallorca	(13,6 %)	Türkei, Antalya	(3,8 %)
Italien, Adria	(10,2 %)	Griechenland, Kos	(3,1 %)
Ungarn, Balatonsee	(6,6 %)	Kroatien, Split	(2,5 %)
Österreich, Tirol	(6,3 %)		

Nur 2,5 % der Deutschen machen Urlaub in Kroatien.

Bayern ist die beliebteste Region der Deutschen.

An zweiter Stelle steht Spanien!

Das beliebteste Reiseziel der Deutschen ist Deutschland.

AB-Übungen 1 – 15

B Wie war das Wetter in der Türkei?

11 Hör zu und beantworte die Fragen. > HÖREN ▶ 53

1. Wen hat Mesut in der Türkei besucht?
2. Was sagt Mesut über das Wetter in der Türkei?
3. Wie beschreibt Julia das Wetter in Deutschland?

12 Hör zu und sprich nach. > HÖREN ▶ 54

Es regnet.

Es ist sonnig.
Die Sonne scheint.

Es ist bewölkt.

Es schneit.

Es ist windig.

Es ist neblig.

Es ist ...

heiß

warm

kühl

kalt

13 Das Wetter in deinem Wohnort. Bildet Dialoge. > SPRECHEN

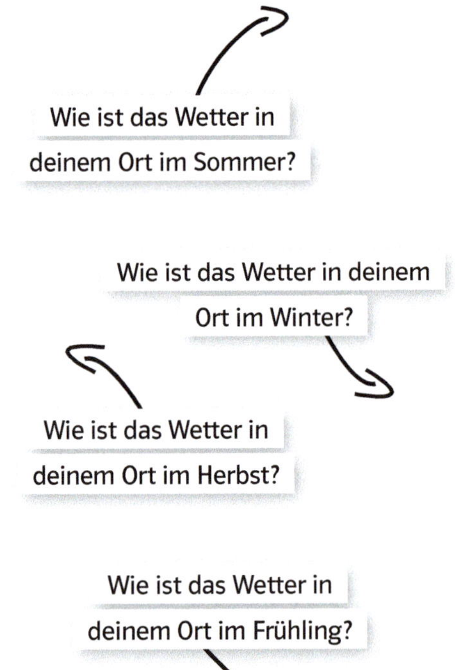

14 Bildet Dialoge. > SPRECHEN

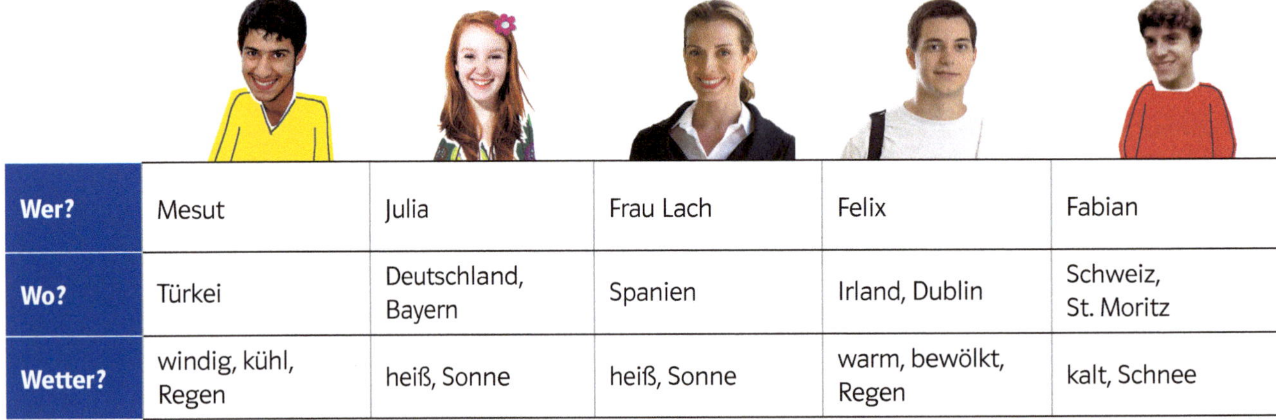

Wer?	Mesut	Julia	Frau Lach	Felix	Fabian
Wo?	Türkei	Deutschland, Bayern	Spanien	Irland, Dublin	Schweiz, St. Moritz
Wetter?	windig, kühl, Regen	heiß, Sonne	heiß, Sonne	warm, bewölkt, Regen	kalt, Schnee

- Wo war Julia?
- Sie war in Bayern.
- Und wie war das Wetter?
- Schön! Es war heiß und sonnig.

- Wo hat es geregnet?
- In der Türkei und in Dublin.
- Und wer war dort?
- Mesut war in der Türkei, Felix war in Dublin.

15 Urlaubsfotos. Bildet Dialoge. > SPRECHEN

am Bodensee, Lindau / August 2011 / warm, sonnig, ab und zu Regen / Radtouren machen
im Gebirge, Garmisch / Januar 2016 / kalt, Schnee / Skikurs besuchen
am Meer, Rimini / Sommer 2012 / schlechtes Wetter, jeden Tag Regen / im Hotel bleiben
in der Schweiz, Zürich / Frühling 2010 / nicht sehr kalt, windig / Freunde besuchen
in Berlin / September 2015 / warm, sonnig / Stadt besichtigen

16 Was machen wir morgen, wenn ... Bildet Dialoge. > SPRECHEN

das Museum, sonnig, der Park
das Gebirge, windig, der Bodensee
Innsbruck, schneien, Kitzbühel
der Chiemsee, regnen, zu Hause bleiben
München, heiß, das Schwimmbad

AB-Übungen
16 – 22

C Wir planen unsere nächste Klassenreise

Reisebericht:
Wien ist immer eine Reise wert!

Wir, die Schüler und Schülerinnen der Klasse 9C sind im April dieses Jahres nach Wien gefahren. Unser Deutschlehrer hat die Klassenfahrt organisiert. Schon die Fahrt mit dem Nachtzug war ein Erlebnis.
Die Aufregung war so groß, dass niemand richtig schlafen konnte.
In Wien haben wir in der Jugendherberge Brigittenau gewohnt. Wir haben schon am ersten Tag einen gemeinsamen Stadtrundgang gemacht und gleich mehrere Sehenswürdigkeiten von Wien kennen gelernt, wie zum Beispiel die Hofburg, das Parlament, das Rathaus, die Oper, das Burgtheater und natürlich den Stephansdom.
Am nächsten Tag stand Schloss Schönbrunn auf dem Programm. Das war die Sommerresidenz der Habsburger. Nach einer kurzen Mittagspause im Schlosspark sind wir dann zum Leopoldmuseum gefahren. Dieses Museum befindet sich in dem so genannten MuseumsQuartier.
Nicht alle wissen, dass seit 1979 Wien UNO-Sitz ist. Soweit zum offiziellen Programm. Dann konnten wir die Stadt in Kleingruppen erkunden. Der Höhepunkt der Klassenfahrt war aber das Musical „Der Besuch der alten Dame" im Ronacher Theater. Es war für uns alle das erste Mal, dass wir in einem Musical waren. Musik, Songs und das Ambiente waren SUPER! Am Ende der fünftägigen Reise waren alle sehr müde, aber zufrieden!
Jetzt planen wir auch unsere nächste Klassenfahrt. Am liebsten würden wir nach Rom fahren.

Camilla, Klasse 9C

17 Hör zu und lies mit. > HÖREN 55

18 Zum Verständnis. Was passt zusammen? Ordne zu und schreib Sätze. > LESEN

1. ___ Musical	**a.** Brigittenau
2. ___ Jugendherberge	**b.** Ronacher Theater
3. ___ Schloss Schönbrunn	**c.** MuseumsQuartier
4. ___ Leopoldmuseum	**d.** die Sommerresidenz der Habsburger

Die Schüler haben in der Jugendherberge Brigittenau übernachtet.

19 Wohin möchten wir fahren? Wir diskutieren. > SPRECHEN

Wohin?	Womit?	Wann? Wie lange?	Wo übernachten?	Programm?

AB-Übungen
23 - 24

Phonetik

1 Hör den Reisebericht und markiere die lauteste Silbe in jeder Zeile. > HÖREN ▶ 56

Ein Reisebericht
Er war zuerst in Ber**lin**,
dann zum Shopppen in Paris,
danach drei Tage in New York.
In New York war es ihm zu kalt.
Deshalb ist er in den Süden geflogen.
Er hat Brasilien besucht.
Und er ist zwei Wochen geblieben.
Die Sonne war toll.
Dann ist er wieder nach Hause geflogen.

2 Sprich die Sätze laut und klopfe bei den betonten Silben auf den Tisch.

3 Schreib auch einen Reisebericht und lies ihn mit Betonung vor.

Lektion 18

GRAMMATIK SCHNELL & KLAR

Das Fragepronomen *wohin* und die Präpositionen *nach*, *an*, *in*, *auf*

Wohin fährst du im Sommer?

Ich fahre **nach** Deutschland / **nach** Barcelona.

Ich fahre **ans** Meer / **an die** Adria / **an den** Rhein / **an den** Bodensee.

Ich fahre **ins** Gebirge / **in die** Dolomiten / **in die** Türkei.
Ich fliege **in die** USA.

Ich fahre **aufs** Land / **auf die** Insel Sylt.

Deine Beispiele

Meine Träume? Ich möchte … fahren!

nach

an die

ins

in die

auf die

an den

ans

Sätze mit *dass*

Frau Lach sagt, **dass** sie nach Marokko **fährt**.
Annika sagt, **dass** sie Englisch lernen **will**.
Klaus sagt, **dass** er Abenteuer **mag**.
Martin sagt, **dass** er gern **badet**.

Maja sagt, dass sie

Max sagt, dass er

Benjamin sagt, dass er

Anke und Claudia sagen, dass

Sätze mit *wenn*

- Was machen wir, wenn es regnet?
- Wenn es regnet, bleiben wir zu Hause.

- Was machst du, wenn es schneit?
- Wenn es schneit,

Temporalangaben

Wie ist das Wetter **im** Sommer?
Wohin fährst du **im** Dezember?
Hat es **im** Herbst geregnet?
Hast du **im** Mai Geburtstag?

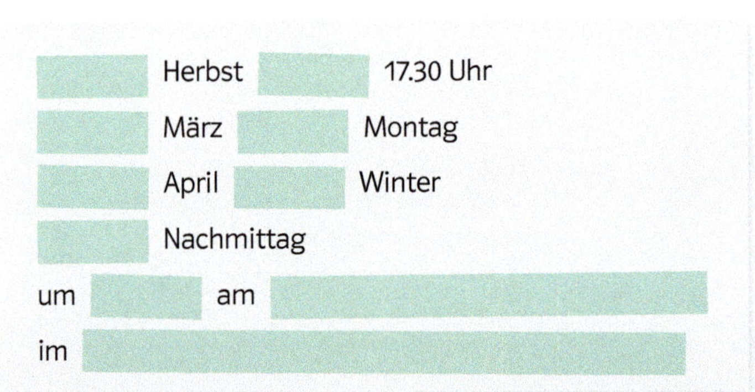

Das Fragepronomen *wo* und die Präpositionen *in*, *an*, *auf*

Wo warst du in Urlaub?

Ich war **in** Deutschland / **in** Barcelona.

Ich war **am** Meer / **an der** Adria / **am** Rhein / **am** Bodensee.

Ich war **im** Gebirge / **in den** Dolomiten / **in der** Türkei / **in den** USA.

Ich war **auf dem** Land / **auf der** Insel Sylt.

Deine Beispiele

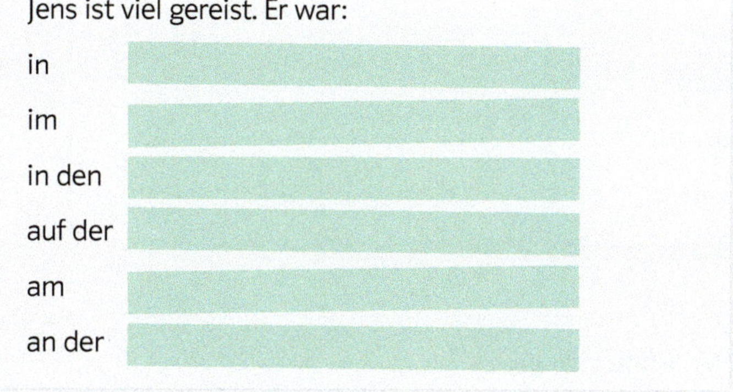

Das Pronomen *es*

Es regnet.
Es schneit.

Es ist sonnig.
Es ist windig.
Es ist heiß.

Es sind 20 Grad.

Das Wetter ist heute schön! Wir können eine Radtour machen.

Es

Es

Ich bleibe lieber zu Hause. Das Wetter ist nicht schön.

Es

Es

Das Pronomen *es* im Satz

I	II	III
Es	regnet	heute.
Es	ist	windig.

I	II	III
Heute	regnet	**es**.
Heute	ist	**es** windig.

Wichtige Wörter

bewölkt

heiß

kalt

kühl

der Nebel, -

neblig

der Regen (Singular)

regnen

der Schnee (Singular)

schneien
Es schneit.

die Sonne, -n
Die Sonne scheint.

sonnig

die Temperatur, -en
Die Temperatur liegt bei 20 Grad.

warm

das Wetter (Singular)

der Wind, -e

windig

der Frühling, -e

der Herbst, -e

die Jahreszeit, -en

der Sommer, -

der Winter, -

das Abenteuer, -

an|schauen
Wir schauen die Sehenswürdigkeiten an.

der Ausflug, ¨-e
Wir haben tolle Ausflüge gemacht.

besichtigen
Ich möchte neue Städte besichtigen.

sich entspannen

faulenzen

das Programm, -e
Auf dem Programm steht das Musical.

relaxen

die Schifffahrt, -en
Wir machen eine Schifffahrt.

segeln

die Sehenswürdigkeit, -en

sich sonnen

der Stadtrundgang, ¨-e
Wir haben einen Stadtrundgang gemacht.

steigen
Wir steigen auf den Eiffelturm.

tauchen

wandern

die Wanderung, -en

buchen

das Feriendorf, ¨-er

das Hotel, -s

die Jugendherberge, -n

sich kümmern (um + Akk.)
Wer kümmert sich um die Kinder?

mieten

der Ort, -e
Rimini ist ein Badeort an der Adria.

planen
Hast du deinen Urlaub schon geplant?

der Pool, -s
Wir waren in einem Hotel mit Pool.

die Sprachferien (Plural)

der Strand, ¨-e

die Unterkunft, ¨-e

der Urlaub, -e
Wo macht ihr dieses Jahr Urlaub?

zelten

sich freuen (auf + Akk.)
Ich freue mich auf den Urlaub auf Kuba.

die Lust (auf + Akk.)
Ich habe Lust auf Urlaub.

Lektion 18

Landeskunde

1 Welcher Ort passt zu wem? Ordne zu.

Wetter in Deutschland

A. Berlin
Die Hauptstadt ist eine Stadt der Kontraste. Im Sommer ist es sehr heiß, im Winter dafür umso kälter. Aber Kontraste sind auch schön, immer nur das gleiche Wetter ist doch langweilig.

B. Erfurt
Was Bauern nicht gefällt, gefällt Sonnenfreunden umso mehr. Am wenigsten regnet es in Erfurt, einer Stadt in Thüringen.

C. Aachen
Aachen ist eine beliebte Studentenstadt mit hervorragenden Universitäten. Böse Zungen behaupten, dass das am Wetter liegt. Es regnet mehr als in den meisten anderen Städten Deutschlands. Gut zum Lernen!

D. Freiburg
Hier gibt es fast immer das wärmste Wetter Deutschlands. Im Winter ist es meist mild, im Sommer kann es sehr heiß werden. Es regnet nicht so oft.

1. ☐ Marcus hasst Regen.
2. ☐ Bettina möchte an einem Ort wohnen, an dem das Wetter nicht immer gleich ist.
3. ☐ Renate mag hohe Temperaturen, aber keine Kälte.
4. ☐ Stefan ist anders als die meisten Menschen, denn er liebt Regen.

Projektecke **Was andere empfehlen**

Sucht im Internet nach einem deutschen Buchungsportal für Hotels oder Urlaubsziele. Lest die Rezensionen und Bewertungen zu einer Unterkunft, einem Restaurant, einer Sehenswürdigkeit oder einem Reiseziel. Eine Gruppe stellt ein Hotel vor, eine weitere präsentiert ein Restaurant, eine andere Gruppe eine Sehenswürdigkeit und noch eine Gruppe ein Reiseziel.

ZWISCHENSTOPP 18

1 Lies den Text. Wie geht der Satz weiter? Ordne zu. > LESEN

Ein Hotel für Hund und Katze

Sommerzeit – Urlaubszeit. Nur wohin mit dem geliebten Haustier? Nicht immer ist der Familienhund im Hotel willkommen, lange kann die Katze nicht reisen. Wir haben deswegen die Tierpension Pfotenparadies besucht. Dort kann man in der Urlaubszeit sein Haustier lassen.

Hallo, ich heiße Miriam. Meine Tierpension habe ich vor 4 Jahren eröffnet. Ich hatte eine Sendung im Fernsehen gesehen und hatte die Idee. In der Sendung ging es um die Frage, wohin man die Haustiere bringen kann, wenn man selbst im Urlaub ist. Dass mein Hotel für Hunde und Katzen ein so großer Erfolg wird, war aber eine Überraschung. Inzwischen nehmen wir auch andere Haustiere wie Hamster, Mäuse oder Schildkröten auf. Für mich ist die Arbeit spannend – jeden Tag erlebt man etwas anderes.

Mein Name ist Eli. Ich war schon im Urlaub. Das sieht und merkt man, oder? Meine Katze Schnauzi sieht glücklich aus. Es war schon schwer, sie vor dem Urlaub hier abzugeben. Aber in die USA konnte ich sie ja schlecht mitnehmen. Das Pfotenparadies ist wirklich die beste Tierpension in der ganzen Stadt. Und Miriam ist wirklich nett und kompetent. Sie weiß alles über Tiere.

Wir sind die Schneiders. Normalerweise lassen wir unseren Hund immer bei den Nachbarn, wenn wir verreisen. Aber dieses Jahr sind sie zur gleichen Zeit wie wir im Urlaub. Unsere anderen Freunde hatten auch keine Zeit oder Möglichkeit. Also haben wir im Internet gesucht und die Tierpension Pfotenparadies gefunden. Wir sind heute zum ersten Mal hier, sind aber sehr zufrieden. Alles ist gepflegt und unser Hund Waldi fühlt sich auch wohl. So können wir beruhigt in den Urlaub fahren.

Ich bin Peter und ich liebe Tiere, aber zu Hause haben wir zu wenig Platz und meine Eltern erlauben uns kein Haustier. Deswegen jobbe ich hier bei der Tierpension. So kann ich ein bisschen Geld verdienen und gleichzeitig meine Zeit mit Tieren verbringen. Manchmal bin ich aber ganz schön traurig, wenn ein Hund wieder nach Hause kommt. Wenn ich einen eigenen Hund hätte, würde ich ihn nicht in die Tierpension bringen, sondern lieber auf meinen Urlaub verzichten.

1. ☐ In der Tierpension Pfotenparadies
2. ☐ Miriams Tierpension
3. ☐ Die Idee für das Pfotenparadies
4. ☐ Die Schneiders
5. ☐ Eli sagt,
6. ☐ Peter ist manchmal traurig,

a. dass Miriam nett und kompetent ist.
b. kann man in der Urlaubszeit sein Haustier lassen.
c. wenn ein Hund wieder nach Hause kommt.
d. ist ein großer Erfolg.
e. haben Miriams Tierpension im Internet gefunden.
f. hatte Miriam nach einer Sendung im Fernsehen.

2 Richtig (R) oder falsch (F)? Hör zu und kreuze an. > HÖREN ▶ 57

	R	F
1. Herr Schulz möchte eine Sprachreise nach Frankreich machen.		
2. Der Sohn von Herrn Schulz möchte einen Sprachkurs in Frankreich besuchen.		
3. Die Angestellte schlägt Herrn Schulz eine Sprachreise nach Paris vor.		
4. Herr Schulz findet einen Kurs in Paris ideal.		
5. Herr Schulz findet einen Kurs in Cannes ideal.		
6. Die Sprachreise kostet € 1340.		

3 Lies die Aufgabe und schreib eine SMS. > SCHREIBEN

Du bist im Urlaub und schreibst eine SMS an deine Freundin.

A. Schreib ihr, wo du im Urlaub bist.
B. Frag nach ihrer Adresse, weil du ihr eine Postkarte schicken willst.
C. Schreib ihr, was du alles im Urlaub machst.

4 Wie sieht dein Urlaub aus? Wähle eine Karte aus und berichte. > SPRECHEN

Wohin?	München
Wann?	August
Wie lange?	2 Wochen
Mit wem?	Anna
Wo?	bei Familie Lang
Was?	Deutschkurs

Wohin?	Bodensee, Lindau
Wann?	Juni
Wie lange?	1 Woche
Mit wem?	Martha, Paolo
Wo?	bei Freunden
Was?	Surfen, Rad fahren

Wohin?	Rom
Wann?	September
Wie lange?	4 Tage
Mit wem?	Vati, Mutti
Wo?	Pension Claudius
Was?	Sehenswürdigkeiten anschauen

VIDEOSTATION 8
REISEZIELE DER DEUTSCHEN

1 Richtig (R) oder falsch (F)? Sieh dir den ersten Videoteil an und kreuze an.

> FILM 8

	R	F
1. Am Wannsee kann man sich erholen und entspannen.		
2. Der Wannsee liegt nur 30 Minuten Bahnfahrt vom Berliner Zentrum entfernt.		
3. Viele Berliner fahren mit ihrem Segelboot bis an den Gardasee.		
4. Das Wasser ist zum Baden zu kalt.		
5. Motorboote dürfen auf dem Wannsee nicht fahren.		
6. Am Wannsee gibt es leider kein Strandbad.		

2 Welcher Satz passt zu welchem Foto? Ordne zu.

1. ___ Am Wannsee sieht man viele Leute, die Kanu fahren.
2. ___ Der Wannsee ist ideal zum Baden.
3. ___ Ein Wassersprung macht immer Spaß, auch wenn er nicht perfekt ist.
4. ___ Am Wannsee sieht man nicht nur Segelboote, sondern auch Motorboote.
5. ___ Der Wannsee ist sehr groß und viele Berliner haben hier ihre Segelboote.
6. ___ An vielen Stellen sieht man die Rettungsringe … für den Notfall!

3 Sieh dir den ersten Videoteil noch einmal an und kontrolliere. > FILM 8

4 Sieh dir den zweiten Videoteil an und ordne zu. > FILM 8

1

2

3

4

a. ☐ In der Toskana.

b. ☐ Auf einem Segelboot.

c. ☐ An der Ostsee.

d. ☐ In Italien oder England.

5 Wer sagt das? Ordne zu.

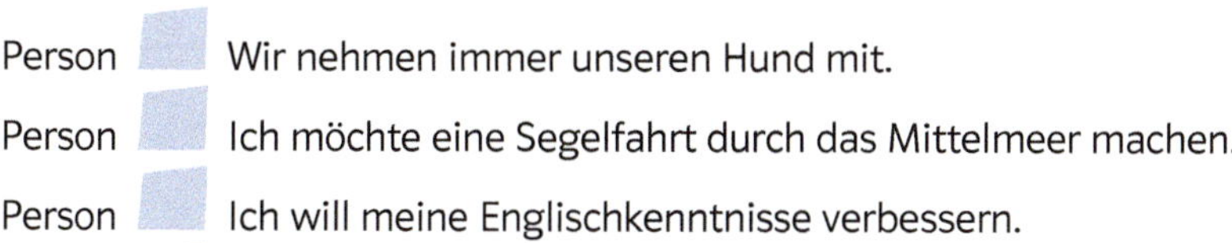
Person ☐ Wir nehmen immer unseren Hund mit.

Person ☐ Ich möchte eine Segelfahrt durch das Mittelmeer machen.

Person ☐ Ich will meine Englischkenntnisse verbessern.

Person ☐ Wir machen gerne Urlaub in Italien.

6 Sieh dir den zweiten Videoteil noch einmal an und kontrolliere. > FILM 8

7 Recherchiere im Internet.

Wannsee: Fakten

Länge: ______ **Tiefe:** ______

Breite: ______ **Fläche:** ______

Aktivitäten: *Segeln, Surfen, Kiten ...*

LISTE DER UNREGELMÄSSIGEN VERBEN

Infinitiv	Präsens (3. Person Singular)	Perfekt (Hilfsverb + Partizip II)
backen	backt / bäckt	hat gebacken
beginnen	beginnt	hat begonnen
bieten	bietet	hat geboten
bitten	bittet	hat gebeten
bleiben	bleibt	ist geblieben
brechen	bricht	hat gebrochen
bringen	bringt	hat gebracht
denken	denkt	hat gedacht
essen	isst	hat gegessen
fahren	fährt	ist / hat gefahren
fallen	fällt	ist gefallen
finden	findet	hat gefunden
fliegen	fliegt	ist / hat geflogen
geben	gibt	hat gegeben
gehen	geht	ist gegangen
gewinnen	gewinnt	hat gewonnen
haben	hat	hat gehabt
halten	hält	hat gehalten
hängen	hängt	hat gehangen
heißen	heißt	hat geheißen
helfen	hilft	hat geholfen
kennen	kennt	hat gekannt
kommen	kommt	ist gekommen
lassen	lässt	hat gelassen
laden	lädt	hat geladen
laufen	läuft	ist gelaufen
leihen	leiht	hat geliehen
lesen	liest	hat gelesen
liegen	liegt	hat gelegen
lügen	lügt	hat gelogen
nehmen	nimmt	hat genommen

Infinitiv	Präsens (3. Person Singular)	Perfekt (Hilfsverb + Partizip II)
nennen	nennt	hat genannt
raten	rät	hat geraten
reiten	reitet	ist geritten
rufen	ruft	hat gerufen
scheinen	scheint	hat geschienen
schlafen	schläft	hat geschlafen
schlagen	schlägt	hat geschlagen
schreiben	schreibt	hat geschrieben
schwimmen	schwimmt	ist / hat geschwommen
sehen	sieht	hat gesehen
sein	ist	ist gewesen
singen	singt	hat gesungen
sitzen	sitzt	hat gesessen
sprechen	spricht	hat gesprochen
springen	springt	ist gesprungen
stehen	steht	hat gestanden
steigen	steigt	ist gestiegen
streiten	streitet	hat gestritten
tragen	trägt	hat getragen
treffen	trifft	hat getroffen
trinken	trinkt	hat getrunken
tun	tut	hat getan
vergessen	vergisst	hat vergessen
verlieren	verliert	hat verloren
wachsen	wächst	ist gewachsen
waschen	wäscht	hat gewaschen
werden	wird	ist geworden
wiegen	wiegt	hat gewogen
wissen	weiß	hat gewusst
ziehen	zieht	hat gezogen

Trackliste

Track	Lektion, Übung	Länge
1	L11, Ü1	00:38
2	L11, Ü4	00:20
3	L11, Ü7	00:44
4	L11, Ü12	00:19
5	L11, Ü13	00:34
6	L11, Ü19	00:45
7	L11, Phonetik, Ü1	00:43
8	L11, Phonetik, Ü2	00:43
9	L11, Zwischenstopp 11, Ü3	02:25
10	L12, Ü4	00:21
11	L12, Ü7	00:31
12	L12, Phonetik, Ü1	00:43
13	L12, Phonetik, Ü2	00:43
14	L12, Zwischenstopp 12, Ü2	02:43
15	L13, Ü1	00:39
16	L13, Ü3	00:53
17	L13, Ü5	00:31
18	L13, Ü13	01:14
19	L13, Ü19	01:59
20	L13, Phonetik, Ü1	00:27
21	L13, Phonetik, Ü2	01:11
22	L13, Zwischenstopp 13, Ü2	03:04
23	L14, Ü2	00:49
24	L14, Ü3	01:42
25	L14, Ü9	02:11
26	L14, Ü16	00:39
27	L14, Phonetik, Ü2	00:15
28	L14, Phonetik, Ü3	00:15
29	L14, Phonetik, Ü4	00:41

Track	Lektion, Übung	Länge
30	L14, Zwischenstopp 14, Ü3	02:37
31	L15, Ü1	00:34
32	L15, Ü3	00:37
33	L15, Ü9	00:43
34	L15, Ü11	01:14
35	L15, Phonetik, Ü1	01:00
36	L15, Zwischenstopp 15, Ü2	01:59
37	L16, Ü1	00:48
38	L16, Ü12	00:55
39	L16, Ü14	01:08
40	L16, Ü19	01:33
41	L16, Ü21	01:33
42	L16, Ü26	02:41
43	L16, Phonetik, Ü1	00:46
44	L16, Zwischenstopp 16, Ü2	02:43
45	L17, Ü3	00:39
46	L17, Ü6	00:38
47	L17, Ü13	01:34
48	L17, Ü14	02:15
49	L17, Ü16	00:50
50	L17, Phonetik, Ü2	01:11
51	L17, Zwischenstopp 17, Ü2	03:22
52	L18, Ü9	01:56
53	L18, Ü11	00:32
54	L18, Ü12	00:37
55	L18, Ü17	02:03
56	L18, Phonetik, Ü1	00:44
57	L18, Zwischenstopp 18, Ü2	01:44

gesamt: ca. 69:02

Tonaufnahmen

Sprecher und Sprecherinnen: Kim Engelhardt, Lucie Glasmeyer, Stefan Moos, Jenny Ulbricht, Jakob Vogt, David Wurm
Produktion: Bauer Studios GmbH, Ludwigsburg (internationale Ausgabe)

Bild- und Quellennachweis

Cover Corbis (237/Sam Edwards/Ocean), Berlin; **3.1** Shutterstock (Konstantin Chagin), New York; **5.1** Shutterstock (Sasa Prudkov), New York; **6.1** Shutterstock (gunnargren), New York; **7.1** Shutterstock (Monkey Business Images), New York; **9.1** Thinkstock (Kristina Afanasyeva), München; **10.1** Shutterstock (YanLev), New York; **10.2** Shutterstock (Pavel Tops), New York; **10.3** Shutterstock (gorillaimages), New York; **10.4** Thinkstock (Creatas Images), München; **10.5** Shutterstock (Maxisport), New York; **10.6** Shutterstock (Maxisport), New York; **10.7** Shutterstock (malei), New York; **10.8** Thinkstock (monkeybusinessimages), München; **15.1** grundmanngestaltung (grundmanngestaltung), Karlsruhe; **19.1** Thinkstock (Zoonar RF), München; **19.2** Imago (Rene Schullz), Berlin; **19.3** Imago (imagebroker), Berlin; **19.4** grundmanngestaltung (grundmanngestaltung), Karlsruhe; **20.1** Thinkstock (Zeljko Bozic), München; **20.2** Shutterstock (goodluz), New York; **20.3** Shutterstock (Duplass), New York; **20.4** Thinkstock (rvlsoft), München; **21.1** Thinkstock (Zeljko Bozic), München; **21.2** Thinkstock (Comstock), München; **21.3** Thinkstock (Wavebreakmedia Ltd), München; **21.4** Thinkstock (Comstock), München; **21.5** Thinkstock (Jenny_Hill), München; **24.1** Thinkstock (Rawpixel), München; **25.1** Thinkstock (vadimguzhva), München; **26.1** Shutterstock (Syda Productions), New York; **26.2** Shutterstock (l i g h t p o e t), New York; **27.1** Sergey Kohl/Shutterstock, Inc.; **27.2** Shutterstock (LensTravel), New York; **27.3** Shutterstock (Luciano Mortula), New York; **27.4** pio3 / Shutterstock, Inc.; **27.5** Story of Berlin GmbH, Berlin; **27.6** 360b/Shutterstock, Inc.; **28.1** Sergey Kohl/Shutterstock, Inc.; **28.2** Fotolia.com (ArTo), New York; **28.3** vvoe/Shutterstock, Inc; **28.4** Sergey Kohl/ Shutterstock, Inc.; **29.1** Shutterstock (Konstantin Chagin), New York; **29.2** grundmanngestaltung (grundmanngestaltung), Karlsruhe; **33.1** Fotolia. com (akino84), New York; **33.2** Thinkstock (Zoonar RF), München; **33.3** grundmanngestaltung (grundmanngestaltung), Karlsruhe; **34.1** Shutterstock (mimagephotography), New York; **35.1** Thinkstock (monkeybusinessimages), München; **35.2** Fotolia.com (pressmaster), New York; **36.1** Thinkstock (alexdndz), München; **37.1** Shutterstock (Bjoern Wylezich), New York; **42.1** Thinkstock (monkeybusinessimages), München; **45.1** grundmanngestaltung, Karlsruhe; **49.1** Thinkstock (Jupiterimages), München; **49.2** Thinkstock (Jupiterimages), München; **49.3** Thinkstock (John Rowley), München; **49.4** Thinkstock (m-imagephotography), München; **49.5** grundmanngestaltung (grundmanngestaltung), Karlsruhe; **51.1** Thinkstock (rvlsoft), München; **51.2** Thinkstock (william87), München; **53.1** Thinkstock (m-imagephotography), München; **54.1** Thinkstock (STUDIOGRANDOUEST), München; **54.2** Thinkstock (Jupiterimages), München; **54.3** Thinkstock (Shootdiem), München; **54.4** Thinkstock (Goodshoot RF), München; **55.1** Thinkstock (goodynewshoes), München; **55.2** Thinkstock (Jupiterimages), München; **59.1** Thinkstock (vadimguzhva), München; **59.2** grundmanngestaltung (grundmanngestaltung), Karlsruhe; **63.1** Thinkstock (zhekos), München; **63.2** Shutterstock (Waltraud Oe), New York; **63.3** Shutterstock (Simone Voigt), New York; **63.4** grundmanngestaltung (grundmanngestaltung), Karlsruhe; **65.1** Thinkstock (Cathy Yeulet), München; **65.2** Thinkstock (Wavebreakmedia Ltd), München; **65.3** Thinkstock (corolanty), München; **66.1** Thinkstock (alexdndz), München; **69.1** Thinkstock (beichh4046), München; **69.2** Thinkstock (excentric_01), München; **69.3** Thinkstock (James Woodson), München; **69.4** Thinkstock (Monkey Business Images), München; **69.5** Shutterstock (Monkey Business Images), New York; **69.6** Shutterstock (Ambrophoto), New York; **70.1** Thinkstock (monkeybusinessimages), München; **70.2** Shutterstock (plena), New York; **75.1** grundmanngestaltung (grundmanngestaltung), Karlsruhe; **79.1** Thinkstock (George Doyle), München; **79.2** grundmanngestaltung (grundmanngestaltung), Karlsruhe; **80.1** Thinkstock (Monkey Business Images), München; **80.2** Shutterstock (goodluz), New York; **80.3** Thinkstock (Monkey Business Images/ Stockbroker), München; **83.1** Thinkstock (James Woodson), München; **86.1** Thinkstock (James Woodson), München; **90.1** Shutterstock (Sasa Prudkov), New York; **91.1** grundmanngestaltung (grundmanngestaltung), Karlsruhe; **95.1** Thinkstock (Ljupco), München; **95.2** grundmanngestaltung (grundmanngestaltung), Karlsruhe; **96.1** Thinkstock (kaarsten), München; **97.1** Thinkstock (Highwaystarz-Photography), München; **98.1** Thinkstock (alexdndz), München; **99.1** Shutterstock (mkrberlin), New York; **100.1** Shutterstock (Everett Historical), New York; **100.2** mauritius images/ Science Faction/Library of Congress - digital ve; **100.3** Shutterstock (Helga Esteb), New York; **100.4** imago/Horst Galuschka; **100.5** mauritius images (Screen Prod), Mittenwald; **100.6** Shutterstock (Georgios Kollidas), New York; **102.1** Shutterstock (Noppasin), New York; **102.2** Shutterstock (Sean Pavone), New York; **103.1** stockvideoshooter/ Shutterstock, Inc.; **103.2** Paolo Bona/Shutterstock, Inc.;

103.3 Shutterstock (Georgios Alexandris), New York; **103.4** FooTToo/Shutterstock, Inc.; **104.1** Thinkstock (Razvan), München; **104.2** Shutterstock (Photobank gallery), New York; **104.3** Thinkstock (rilueda), München; **107.1** grundmanngestaltung (grundmanngestaltung), Karlsruhe; **111.1** Thinkstock (marcoscisetti), München; **111.2** Thinkstock (RossHelen), München; **111.3** RossHelen/Shutterstock, Inc.; **111.4** Shutterstock (RossHelen), New York; **113.1** Thinkstock (Di_Studio), München; **115.1** Thinkstock (m-imagephotography), München; **115.2** Thinkstock (m-imagephotography), München; **115.3** Thinkstock (Jupiterimages), München; **115.4** Thinkstock (m-imagephotography), München; **116.1** Shutterstock (Panos Karas), New York; **116.2** Shutterstock (John Lindsay-Smith), New York; **116.3** Shutterstock (gunnargren), New York; **118.1** Thinkstock (humonia), München; **119.1** Thinkstock (Torsakarin), München; **120.1** Shutterstock (LilKar), New York; **120.2** Thinkstock (m-imagephotography), München; **120.3** Thinkstock (eurobanks), München; **122.1** Thinkstock (Pixland), München; **122.2** Shutterstock (creativemarc), New York; **123.1** Shutterstock (VGstockstudio), New York; **123.2** grundmanngestaltung (grundmanngestaltung), Karlsruhe; **127.1** Thinkstock (pictureimpressions), München; **127.2** Shutterstock (Jorg Hackemann), New York; **127.3** Shutterstock (Borisb17), New York; **127.4** Shutterstock (Uellue), New York; **127.5** grundmanngestaltung (grundmanngestaltung), Karlsruhe; **128.1** Thinkstock (Poike), München; **128.2** Thinkstock (vadimguzhva), München; **128.3** Thinkstock (monkeybusinessimages), München; **128.4** Thinkstock (hjalmeida), München; **129.1** Thinkstock (rvlsoft), München; **130.1** Thinkstock (alexdndz), München; **131.1** aldorado/Shutterstock, Inc.